교회정착, 새신자
100일 읽는기도문

한치호 목사의 다른 책들:

| 헌신 절기 행사 대표기도문 77, 종려가지, 2019
| 축복의 삶, 성경1독 가정예배, 두돌비, 2019
| 2019-2020 주일예배 대표기도문, 종려가지, 2019
| 2019-2020 찬양예배·수요기도회 기도문, 종려가지, 2019
| [개정판] 자녀를 위한 365일 축복기도문, 두돌비, 2018
| [개정판] 기도, 처음인데 어떻게 하나요, 일오삼출판사, 20218
| [개역개정] 말씀따라 풀어보는 성경퀴즈(전3권), 일오삼출판사, 20217
| 잠언으로 자녀를 축복하는 읽는기도1, 종려가지, 2016

교회정착, 새신자 100일 읽는기도문

1판 인쇄일, 2020년 4월 28일
1판 발행일, 2020년 5월 6일

지은이_ 한치호
펴낸이_ 한치호
펴낸곳_ 종려가지
등 록_ 제311-2014000013호(2014. 3. 21)
주 소_ 서울특별시 은평구 은평로 14길 9-5
전 화_ 02. 359. 9657
디자인 표지 이순옥/ 내지 이수연
제작대행 세줄기획(02.2265.3749)
영업(총판) 일오삼
전 화_ 02. 964.6993 팩스 2208.0153

값 9,000 원

ISBN 979-11-872000-88-8 03230

ⓒ2020, 한치호

잘못 만들어진 책은 구입하신 서점에서 바꾸어 드립니다.
책의 주문 및 영업에 대한 문의는 영업대행으로 해주십시오.

이 도서의 국립중앙도서관 출판예정도서목록(CIP)은 서지정보유통지원시스템 홈페이지(http://seoji.nl.go.kr)와 국가자료종합목록 구축시스템(http://kolis-net.nl.go.kr)에서 이용하실 수 있습니다.(CIP제어번호 : CIP2020015459)

교회정착, 새신자
100일 읽는기도문

한치호 목사 기도

문서사역
|종|려|가|지|

차 례

1일_예수님께서 피 흘려 속죄의 제물이 되심, 마 26:28
2일_잃어버린바 되었던 나를 찾아주셨음에 감사, 마 18:12-13
3일_하나님의 자녀가 됨에 감사-사망에서 생명으로, 요 1:12-13
4일_자유를 주셨음에 감사, 요 8:34-36
5일_흑암의 권세에서 건져내심, 골 1:13
6일_성령을 주셨음에 감사, 요 7:38-39
7일_세상을 이기었음에 감사, 요일 5:4
8일_나와 함께 계신 주님, 마 28:20
9일_빛을 얻게 하시다, 요 8:12
10일_쉼을 주시는 주님, 마 11:28-29
11일_교회에 모여 예배하기를 원하시다, 행 2:46
12일_하나님께 영광, 사사로운 모임이 아니다, 시 84:3
13일_하나님께서 위엄을 성소에서 나타내심, 시 68:35
14일_내 영혼이 여호와의 궁정을 사모함, 시 84:2
15일_내 성소가 영원토록 그들의 가운데 있으리니, 겔 37:26
16일_우리 주로 더불어 교제케 하시는 하나님, 고전 1:9
17일_너희 중에는 그렇지 아니하니, 막 10:43-44
18일_장로들을 배나 존경할 자로 알되, 딤전 5;17
19일_저희가 사도의 가르침을 받아, 행 2:42
20일_교회에서 천국을 경험, 시 27:4
21일_자기를 부인하자, 눅 9:23-24
22일_하나님의 일에 대한 소원을 품자, 요 6:29
23일_하나님의 나라에서 멀지 않도록 하자, 막 12:33-34
24일_하나님과 주님의 일을 위하여 자기를 거절하자, 막 10:29

25일_하나님께 대하여 부요하자, 눅 12:20-21
26일_구하라 -기도를 들어주시다, 요 14:13-14
27일_목회자를 영접하자, 마 10:41
28일_상을 잃지 않도록 하자, 막 9:41
29일_하나님의 갚아주심을 예비하자, 눅 14:13
30일_좁은 문으로 들어가자, 마 7:13-14
31일_자신의 명철을 의지하기를 거절하라, 사 5:21
32일_모든 일에서 하나님을 인정하라, 시 119:128
33일_주를 찾기에 갈급하라, 시 42;1
34일_하나님의 얼굴을 그리워하라, 시 62:5
35일_낙심과 불안을 버려라, 시 121:1-2
36일_회복시켜 주시는 하나님, 느 9:27
37일_기도의 응답을 기다림, 행 16:25-26
38일_기도와 찬송의 응답, 시 66:20
39일_하나님의 손을 움직이는 열쇠, 고전 14:15
40일_세상의 일들을 거절함, 시 17:3-5
41일_자기를 낮추자, 마 18:3-4
42일_주님의 형제와 자매로 지내자, 마 12:49-50
43일_자기의 생명을 미워하자, 요 12:24-25
44일_미움의 대상이 되는 것을 두려워말자, 요 15:18-19
45일_환난을 당하지만 담대하자, 요 16:33
46일_불화를 두려워말자, 마 10:34-36
47일_핍박을 받을 때, 즐거워하자, 눅 6:22-23
48일_너희를 미워하는 자에게 선대하라, 눅 6:27-28
49일_오 리를 가게 하거든 십 리를 동행하며, 마 5:41-42
50일_너희로서는 모든 사람으로 더불어 평화하라, 롬 1217-21

51일_주님을 따르기 전에, 가난한 자들을 돕자, 마 19:21
52일_표적이 아니라 주님을 따르자, 막 8:11-13
53일_의에 대하여 살게 하려, 벧전 2:24
54일_지혜가 부족하거든, 약 1:5
55일_그의 길을 기뻐하시니, 시 37:23
56일_여호와를 의뢰, 선을 행함, 시 37:3
57일_여호와를 송축하라, 시 103:1
58일_하나님의 말씀을 따라 스스로 삼가라, 딤후 3:16
59일_영원한 사랑으로 이끄사, 렘 31:3
60일_피난처가 되시는 하나님, 시 91:1-2
61일_하나님의 영으로 인도해주심, 롬 8:14
62일_하나님의 사랑이 부은 바 됨, 롬 5:5
63일_허물을 도말, 죄를 기억하지 않으심, 사 43:25
64일_버리지 않고, 떠나지 않으심, 히 13:5
65일_정한 마음, 정직한 영, 시 51:10
66일_죄를 자백하는 생활, 요일 1:9
67일_자신을 포기하고 하나님께 맡기라, 시 37:5-6
68일_의의 길로 인도하심, 시 23:3
69일_거룩한 믿음 위에 자신을 세우며, 유 1:20
70일_그의 나라와 그의 의를 구함, 마 6:33
71일_섬기는 자가 되자, 막 10:43-45
72일_불화한 자와 화목하라 이것이 예배 준비다, 마 5:23-24
73일_용서하자, 하루에 일곱 번이라도, 눅 17:3-4
74일_재물을 섬김을 거절하자, 마 6:24
75일_제 1계명-다른 신들을 네게 두지 말라, 출 20:1

76일_제 2계명-우상에게 절하지 말며, 섬기지 말라, 출 20:4-5
77일_제 3계명-여호와의 이름을 망령되게 부르지 말라, 출 20:7
78일_제 4계명-안식일을 거룩하게 지키라, 출 20:8-11
79일_제 5계명-네 부모를 공경하라, 출 20:12
80일_제 6계명-살인하지 말라, 출 20:13
81일_제 7계명-간음하지 말라, 출 20:14
82일_제 8계명-도둑질하지 말라, 출 20:15
83일_제 9계명-거짓 증거 하지 말라, 출 20:16
84일_제 10계명-네 이웃의 집을 탐내지 말라, 출 20:17
85일_하늘에 계신 우리 아버지, 마 6:9
86일_(하나님의) 나라가 임하옵시며, 마 6:10
87일_뜻이 하늘에서 이룬 것 같이, 마 6:10
88일_우리에게 일용할 양식을 주옵시고, 마 6:11
89일_우리 죄를 사하여 주시고, 마 6:12
90일_시험에 들게 하지 마시고, 마 6:13
91일_나라와 권세와 영광이 아버지께, 마 6:13
92일_이 반석 위에 내 교회를 세우리니, 마 16:18
93일_아버지의 약속하신 것을 기다리라, 행 1:4
94일_주께서 구원 받는 사람을 날마다 더하게, 행 2:47
95일_같은 마음과 같은 뜻으로, 고전 1:10
96일_사망으로 끌려가는 자를 건져 주며, 잠 24:11
97일_서로 사랑하는 것이 마땅하도다, 요일 4:11
98일_울며 씨를 뿌리러 나가는 자는, 시 126:6
99일_자기의 관을 보좌 앞에 드리며, 계 4:10
100일_주께 노래하며 찬송하며, 엡 5:19

1일
예수님께서 피 흘려 속죄의 제물이 되심
마 26:28

하나님 아버지,
죄인이었던 저에게 생명과 은혜를 주시고, 하나님의 보살펴 주심으로 저의 영을 지켜주시니 감사합니다.
죄인이었던 저를 구원해 주시려는 하나님의 계획에 따라 하나님께서 사람이 되어 세상에 오셨고, 십자가에서 대속의 제물이 되어 피 흘려 죽어주셨음에 감사합니다. 주님께서 흘려주신 그 피에 대하여 "많은 사람을 위하여 흘리는 바 나의 피 곧 언약의 피니라."고 하셨습니다.
그 속죄의 피로 저의 죄가 씻어 졌음을 믿습니다. 주님의 피를 흘리심, 그 은총으로 죄 값을 지불해 주셨습니다. "내가 이 피를 너희에게 주어 단에 뿌려 너희의 생명을 위하여 속하게 하였나니"라는 은혜가 저에게 이루어졌음에 감사하게 하시옵소서.
세상을 지으실 때, 하나님께서 저를 구원해 주시려고 택하여 주셨다고 하심이 저를 더욱 감격스럽게 합니다. "아무라도 능히 셀 수 없는 큰 무리가 흰 옷을 입고 손에 종려가지를 들고 보좌 앞과 어린양 앞에"섰다고 하셨습니다. 거기에 제가 있다니요? 감격하고, 감사할 뿐입니다.
속죄의 피로 구원을 받았으니, 이제 저에게 속죄의 믿음을 갖도록 하시옵소서. 제가 구원을 받아 하나님의 자녀가 되었음은 속죄의 피로 말미암았다는 것을 기억하게 하시옵소서.

지금, 저는 인자의 피를 마심이 되었다고 믿습니다. 그 피로 생명을 얻게 되었고, 죄를 사해주심과 구원, 그리고 영생을 단 번에 갖게 하셨습니다.

오늘부터 저에게는 간직해야 될 큰 선물이 있습니다. 바로 주님의 피, 보혈입니다. 보혈의 잔을 들고 천국 길을 시작하게 하셨습니다. 천국에 들어갈 때까지 간직하고 지내기를 원합니다. 주님의 피가 저에게 언약의 자녀라는 증거를 갖게 하셨으니, 언약 백성으로서의 삶을 시작하게 하시옵소서.

오늘은 바로 보혈의 공로에 의해 그 첫 걸음을 떼는 날이었습니다. 언약 백성에게 주신 증거는 믿음으로 살아가라는 것임을 깨닫습니다. 옛날, 구약의 사람들은 지켜야만 하는 율법이 자기들에게 증거가 되었지만 지금, 저에게는 믿음이 증거가 된다는 것을 확신합니다. 주님을 믿음으로 구원을 이루어가는 천국 길을 걷게 하시옵소서.

이 길에서, 다시는 죄에게 종노릇을 하지 않을 것입니다. 다시는 죄에게 저를 넘겨주어 그 유혹으로 자신을 더럽히지 않을 것입니다.

주님의 보혈을 찬송하게 하시옵소서. 보혈로 말미암은 구원의 은혜를 누리는 오늘, "믿음이 없어 하나님의 약속을 의심하지 않기를" 결단하면서 하루를 지내게 하시옵소서.

하나님 앞에서 "믿음으로 견고하여져서 하나님께 영광을 돌리며" 지내는 삶을 소망합니다. 제가 살아있음이 하나님께 영광이 되게 하시옵소서.

예수님의 이름으로 기도드립니다. 아멘 ♡

2일
잃어버린바 되었던 나를 찾아주셨음에 감사
마 18:12-13

하나님 아버지,

죄의 사함을 받고, 하나님의 자녀로 삼아 주시고, 그 은혜로 주의 법도들을 사모하게 하시며, 주의 의로 살아가기를 소원하게 하시니 감사합니다.

아아, 오늘 깨달았습니다. 하나님께서 저를 구원해 주시려고 얼마나 오래 동안 찾아 주셨는지요? 우리 안에 있는 아흔 아홉 마리의 양들보다 잃어버려진 양, 저를 위하여 선하신 목자를 세상에 보내시고, 십자가에 달려 죽으시기까지 저를 찾아주신 그 은혜에 눈물이 쏟아집니다. 저를 향하신 하나님의 사랑이 예수님을 십자가에 내어주도록 하셨음을 깨닫습니다.

저는 여태까지 살아오면서 교회나 하나님께는 관심이 없었습니다. 저에게 교회에 대한 기억은 이제는 희미해지고 색이 바래 진 어렸을 적의 크리스마스에 교회를 가본 것이 전부일 뿐이었습니다. 예수님에 대하여 이야기를 들어본 적은 있었지만 그것은 그들의 이야기일 뿐 저에게는 아무런 것도 아니었습니다. 제가 그렇게 지냈음에도, 그 시간에 하나님께서는 저를 구원하시려는 계획을 중단하지 않으시고, 제가 예수님을 영접하기를 기다리셨다는 그 은혜를 깨달았습니다.

예수님에 대하여 들어보겠냐고 진지하게 물었던 분이 있었는데, 그가 무안할 정도로 거절을 했던 적이 있었지요. 어느 날에는 길을 가다가 '심령대부흥회'라는 시뻘건 글자의 포스터가 눈에 들어왔지만 그냥 지나쳐버렸지요. 그 시간에 주님이 저를 찾아주셨다는 것입니다. 얼마나 감사하면서도 송구한지요?

한 마리의 잃어버린 양, 그 양을 찾기 위하여 목자가 찾고, 찾도록 수고를 아끼지 않은 그 사랑에 감격합니다. 제가 주님을 영접해드림이 하나님께 기쁨이 되셨다는 사실에 감격합니다. 이제, 저는 목자의 수고를 기억하며 지내기를 원합니다.

제가 예수님을 구주로 영접해드렸을 때, 하나님의 기쁨은 어떠하셨을까요? 제가 누구이기에 하나님께 기쁨이 되었단 말입니까? 오늘, 이후 하나님께 기쁨이 되어드리는 삶으로 지내게 하시옵소서. 그리고 이제는 제가 고의로 하나님을 떠나지 않게 하시옵소서. 성령님께서 저를 강권하셔서 사랑의 목줄로 저를 묶어 주시옵소서. 그리하여 주님께로부터 멀리 나가지 않게 하시옵소서.

하나님께서 저에게 결단하라는 것이 하나 있다고 깨달습니다. 그것은 "오직 우리 주 곧 구주 예수 그리스도의 은혜와 그를 아는 지식에서 자라 가는" 것입니다.

오늘, 주님의 은혜에 깊게 들어가게 하시옵소서. 그리고 저를 향하신 주님의 계획, 저에게 베풀어주시는 주님의 은총, 주님의 사랑을 아는 지식에 풍성하도록 이끌어 주시옵소서.

하나님을 가까이 하면서 저의 마음과 저의 시간을 여호와께 드리기를 원합니다. 성령님께서 강권해 주시는 대로 순종해서 하나님을 가까이 하는 날이 하루 더 보태어지게 하시옵소서.

예수님의 이름으로 기도드립니다. 아멘 ♡

3일
하나님의 자녀가 됨에 감사–사망에서 생명으로
요 1:12-13

하나님 아버지,
여호와께서 저의 영혼을 속량하시나니 하나님께로 피하는 자는 다 벌을 받지 않게 해주심을 믿으며 지내므로 감사합니다.
저에게로 향하시는 하나님의 큰 사랑을 깨닫습니다. 예수님을 구주로 영접하게 하셨으며, 저를 자녀라 불러주셨다는 사실입니다. 저에게 긍휼을 베푸셔서 예수님을 모셔드리게 하셨습니다.
아직도 저의 주변에는 예수님을 영접하라는 권고를 뿌리치고 살아가는 이들이 많이 있어서 안타깝습니다. 그들은 자기를 믿고 살다가 지옥에 던져지고 말 것입니다. 그럼에도 저에게는 예수님을 구주라고 고백하게 하셨음에 감사합니다.
이 사랑을 제가 어떻게 표현하겠습니까? 예수님을 하나님의 아들, 그리스도로 인정함은 저의 생각이나 의지로 할 수 없는 것이었다고 깨닫습니다. 오직 하나님의 은혜로 되어졌습니다. 예수님을 구주라 고백하게 하신 하나님께서 저를 자녀라고 선언해 주셨으니 이 은혜에 감사합니다. 저는 알고 있습니다. 자녀는 그가 어떤 사람이라 해도 부모의 권세를 누립니다. 저를 자녀로 삼아주셔서 하나님의 권세를 누리게 하신 그 큰 은혜에 눈물을 쏟을 뿐입니다. 하나님의 자녀가 되는 권세가 주어졌음을 귀하게 여기게 하시옵소서.

죄인의 후손으로 태어난 인생, 주님을 믿으려 하지 않는 자들에게 주님께서는 "너희는 너희 아비 마귀에게서 났다"고 하셨는데, 저를 하나님의 자녀라 하심은 그들과 구별시켜 주심이라 믿습니다.

이제, 오늘부터는 하나님의 자녀로 살아가게 하시옵소서. 아버지이신 하나님께 가까이 가서 교제하게 하시며, 천지와 만물을 지으시고 통치하시는 만왕의 왕 되신 하나님의 존귀와 영광으로 지내게 하시옵소서. 아버지가 자녀에게 주는 하나님의 보호하심과 공급하심, 응답하심을 받아 누림을 믿고 지내게 하시옵소서.

하나님의 자녀들에게는 장차 새 하늘과 새 땅을 상속받을 권리가 주어지는 줄로 믿습니다. 하나님의 자녀는 '하나님께로서 난 자들'이라는 것을 깨닫습니다. 죄로 인해 죽었던 영혼이 예수 그리스도의 십자가 보혈로 죄씻음을 얻어 새 생명, 다시 죽지 않을 영원한 새 생명을 얻게 해 주셨으니 감사합니다.

오늘, 하나님의 성품을 따라 의로우며, 하나님께 선하고 진실하게 살고자 하여 신의 성품으로 들어가게 하시옵소서. 그때, 저는 하나님의 아들 예수님의 피가 모든 죄에서 저를 깨끗하게 해주셨음을 믿을 것입니다. 하나님께서 빛 가운데 계신 것같이 빛 가운데 행하여 아버지와의 교제와 교통의 복을 누리게 하시옵소서.

이제, 저에게 기도의 사람으로 살아가되, 늘 "성령 안에서 기도하게" 하시옵소서. 성령님은 저를 도우시는 분으로 함께 하심을 믿습니다. 기도는 하나님과 동행하는 방법이며 하나님의 능력을 지원받는 통로라고 믿기를 원합니다.

자신을 위해서, 이웃을 이해서 기도하게 하시옵소서.

예수님의 이름으로 기도드립니다. 아멘 ♡

4일
자유를 주셨음에 감사
요 8:34-36

하나님 아버지,

오늘도 여호와의 인자를 따라 은혜를 베푸시며, 주의 많은 긍휼을 따라 하나님께 저질렀던 죄악을 지워 주시니 감사합니다.

"아들이 너희를 자유케 하면 너희가 참으로 자유하리라."고 하신 주님의 말씀이 저에게 이루어졌습니다. 전에 경험해보지 못했던 평안함과 자유를 느끼게 하시니 감사합니다. 무어라 꼭 집어댈 수는 없었지만 전에는 늘 불안했고, 무엇엔가 사로잡혀 있었는데, 지금은 이리 평안을 누리고 있으니 감사하게 하시옵소서.

불의한 일과 거짓된 행동으로부터의 평안함, 그리고 선한 행실에 열심을 내고 싶은 가벼움이 저에게 행복을 느끼게 합니다. 전에는 죄의 경향성과 습관성의 지배를 받으며 죄의 형벌 아래에서 지냈습니다. 육신의 욕망에 충동질해서 죄를 짓는 행동을 일삼아도 그것이 죄인 줄 몰랐고, 즐거움은 잠간, 행동 뒤에는 언제나 불안했었습니다. 그러했던 저에게 주님께서 죄의 짐을 벗겨 주시고, 죄에 종노릇을 하지 않도록 해주심이라 믿습니다.

제가 지금, 자유로운 것은 죄 사함을 받은 은혜라 여깁니다. 저의 죄를 용서해 주셔서 하나님의 공의의 형벌을 면하게 해주시고, 평안을 누리게 하셨다고 믿습니다. 죄 사함과 의롭다 하심을 얻지 못한 자는 누구나 죄로부터의 참 자유를 알지 못할 것입니다.

저에게 의가 되어주신 예수님을 사랑합니다. 저에게 죄성을 물리치고, 죄를 거절하도록 해 주신 성령님을 의지합니다. 저를 구원해주시는 하나님의 의로 죄의 법적인 책임과 죄의 형벌에서 벗어나 자유함을 누리게 하셨으니 감사합니다. 저에게 의의 보증이 되어주신 예수님을 찬양하게 하시옵소서.

이제, 이 자유함을 누리기 위해서 하나님을 가까이 하기를 결단하게 하시옵소서. 갈보리의 십자가에서 주신 평안함을 아주 잠시라도 잃지 않도록 성령님과 동행하게 하시옵소서. 만일, 제가 하나님께 소홀하거나 성령님께 주목하지 않으면 죄성이 저를 지배해서 죄를 짓도록 충동하는 데 내어줄 것입니다. 주님께서 늘 제 안에 계시고, 주님과 동행하는 삶에 집중하게 하시옵소서.

이에, 저에게 하나님의 말씀을 사모하게 하시옵소서. 예수님께서 저를 자유하게 하셨으니, 진리의 말씀과 동행하게 하시옵소서. 하나님께서 저에게 결단하라는 것이 하나 있다고 깨닫습니다.

그것은 "오직 우리 주 곧 구주 예수 그리스도의 은혜와 그를 아는 지식에서 자라 가는"것입니다. 주님의 은혜에 깊게 들어가게 하시옵소서. 저를 향하신 주님의 계획, 저에게 베풀어주시는 주님의 은총, 주님이 사랑을 아는 지식에 풍성하도록 이끌어 주시옵소서.

저에게 복스러운 소망으로 오늘을 살게 하시옵소서. 곧 우리 주님의 다시 오심, 영광스러운 재림을 기다리게 하시옵소서. "인자가 구름을 타고 능력과 큰 영광으로"오신다고 하셨습니다. 주님의 다시 오심으로 재림을 기다리는 저에게 그 영광에 참예하게 해주시옵소서.

예수님의 이름으로 기도드립니다. 아멘 ♡

5일
흑암의 권세에서 건져내심
골 1:13

하나님 아버지,

주님께 찬양을 드릴 때, 저의 입술이 기뻐 외치며, 주님께서 속량해 주셨음을 즐거워하게 하시니 감사합니다.

예수님을 마음으로 믿게 하시며, 이 믿음을 순종의 행실로 나타내게 하셨으니 하나님께 영광과 찬양을 드립니다. 하나님께서 저를 흑암의 권세에서 건져내어 주셨음을 믿습니다. 죄와 죽음과 사탄의 권세에서 건져 하나님의 자녀가 되게 하셨음을 믿습니다.

이 세상의 신, 곧 사탄이 저의 마음을 어둡게 해서 하나님을 대적하고, 하나님께 거스르는 삶을 살아왔음을 깨닫게 하시니 감사합니다. 사탄은 지금, 불순종의 아들들 가운데 역사하고 있음을 알게 하셨습니다. 온 세상이 악한 자에게 처해 있어서 지옥불로 달려가고 있는데, 하나님의 사랑이 저에게 나타난 줄로 믿습니다.

저를 향하신 하나님의 사랑이 얼마나 위대하셨는지요? 이성으로는 거절해보려 해도 예사 사람의 달콤함에 유혹되어 거절할 수가 없었습니다. 주님께서는 죄와 죽음과 사탄의 유혹에서 저를 빼내어 주셨습니다. 하나님께서 저를 그 흑암의 권세에서 건져내어 주셨음을 믿습니다. 다시는 죄에게 종노릇을 하지 않게 해주셨음을 믿습니다.

주님께서는 저를 "그의 사랑의 아들의 나라로 옮기셨다."고 선언해 주셔서 감사합니다. 흑암의 권세에서 빼내어 주님의 품으로 옮겨 주셨으니 세상이 저를 유혹하지 못하고, 사탄이 저를 끌어당기지 못함을 믿습니다. 주님께서 왕이신 그 나라의 백성으로 삼아 주셨으니 왕 되신 주님께 찬양을 드리며 지내게 하시옵소서.

저에게 왕이 되신 주님, 저는 주님의 백성이 되었습니다. 제가 지내고 있는 매일, 매일의 삶에서 주님의 나라를 경험하게 하시옵소서. 그 나라는 사람이 눈으로 볼 수 없지만 지금, 저의 심령에서는 주님께 백성이 되어 살아가고 있음을 고백합니다. 주님께서 다스리시는 나라가 이 땅에서 이루어질 것을 믿습니다.

누가 저를 죽음에서 건져주고, 하나님의 아들에게로 옮겨주겠습니까? 저를 향하신 하나님의 은혜로 이루어 주셨으니, 이제 저에게는 그 은혜를 베풀어주신 하나님께 소유되어 지내기를 소망합니다. 하나님의 권세와 나라를 찬양하면서 지내게 하시옵소서.

"어느 날에 너희 주가 임할는지"라는 주님의 말씀을 오늘도 듣기를 원합니다. 저의 심령이 깨어서 주님께서 원하시던 경건과 의와 사랑의 생활을 기쁘게 여기게 하시옵소서. 저에게 믿음이 있다는 증거로 오늘도 의롭고 거룩한 생활, 서로 사랑함을 실천하는 생활을 잇기를 원합니다. 저에게 오늘은 다시 오실 주님을 맞이함이 되게 하시옵소서.

하나님 앞에서 주님을 사랑합니다. 저의 생각으로 주님을 가까이 할 때, 주님을 향해 마음이 차오르게 하시옵소서.

성령님께서 저에게 임재하시고, 오늘을 지내는 의미가 주님을 사랑함이 되기를 원합니다. 그리하여 "그의 깨끗하심과 같이 자기를 깨끗하게 하느니라"는 결단을 경험하게 하시옵소서.

예수님의 이름으로 기도드립니다. 아멘 ♡

6일
성령을 주셨음에 감사
요 7:38-39

하나님 아버지,

하나님 앞에서 지옥불의 심판을 받아도 마땅했는데, 허물의 사함을 받게 하시고 저의 죄를 가려 주셨으니 감사합니다.

오늘은 저에게 주신 약속의 말씀을 붙잡고 나아갑니다. "내가 곧 생명의 떡이니 내게 오는 자는 결코 주리지 아니할 터이요 나를 믿는 자는 영원히 목마르지 아니하리라."

그렇습니다. 주님은 구원을 받은 저에게 생명의 떡이 되심을 믿습니다. 그리고 생명의 물이 되셔서 목마름이 없이 살아가도록 해 주심을 믿습니다. 예수님을 믿으면서 저에게 처음으로 체험하도록 해 주신 것은 성령님이셨습니다. 성령님께서 제 안에 계심을 좋아하게 하신 하나님을 사랑합니다.

예수님을 믿는 자에게 "그 배에서 생수의 강이 흘러나리라"고 하신 말씀에 대한 경험, 그것을 어떻게 표현할까요? 성령님께서 제 안으로 들어오셔서 저와 함께 해 주심에 대한 경험은 저에게 처음으로 가져 본 신비스러움이었습니다. "기쁨으로 구원의 우물들에서 물을 길으리로다."라고 하신 말씀에 감사합니다.

예수 믿는 자들의 몸에서 생수의 강이 흘러내린다는 말씀은 그들이 받을 성령을 가리킨 것이라고 깨닫습니다. 주님께서 약속해 주셨던 대로 성령님을 보내 주셨습니다. 성령님께서 모든 신자들 속에 계셔서 은혜의 풍성함을 누리게 하실 것입니다. 그리고 저에게도 그렇게 해 주심을 사모합니다.

성령님께서 저에게 임재하시는 동안에, 제가 경험하게 될 하나님의 약속을 믿고 기다리기를 원합니다. 저는 자가 사슴같이 뛸 것이라 하신 말씀을 저의 것으로 받습니다. 벙어리의 혀가 노래한다고 하셨음을 기대합니다. 광야에서 물이 솟겠고 사막에서 시내가 흐를 것이라 하심은 제 인생에 주시는 하나님의 축복이라 믿습니다. 메마른 땅이 변하여 원천이 되게 하심을 기다리게 하시옵소서. 뜨거운 사막이 변하여 못이 되는 것을 보게 해 주시옵소서.

저에게 오늘이라는 한 날은 성령님의 임재, 내주하심에 의미를 두게 하시옵소서. 지난날, 제 인생의 삶은 메마름의 매일이었습니다. 입천장이 말라붙음으로 아침에 일어나야 했습니다. 주님을 모셔 들인 이후, 저의 메마름이 그쳤고, 성령님으로 말미암은 풍성함을 누리며 지냅니다. 이 은혜의 감격은 어떤 말로 설명이 될까요?

오늘, 긍휼을 베푸셔서 저를 붙잡아 주시옵소서. 여호와께 경건하기를 원하지만 아직은 신앙으로 사는 것이 서툴러서 그렇지 못합니다. 저를 붙들어 주시옵소서. 자신을 유혹에 넘겨줄지라도 믿음을 잃지 않고, 소망을 잃지 않고, 완전히 망하지 않도록 하시옵소서.

저에게도 사명을 주신 주님의 명령을 따르게 하시옵소서. "너는 말씀을 전파하라 때를 얻든지 못 얻든지 항상 힘쓰라."는 말씀을 기쁨으로 받아 복음을 전하기를 원합니다. 저도 전해준 복음을 듣고, 주님을 따르고 있으니, 생명의 복음을 전하는 일에 헌신되게 하시옵소서.

예수님의 이름으로 기도드립니다. 아멘 ♡

7일
세상을 이기었음에 감사
요일 5:4

하나님 아버지,

예수님을 구주로 영접한 날부터 마음에 간사함이 없고, 여호와께 정죄를 당하지 아니하는 자는 복이 있음을 기억하며 지내도록 하심을 감사합니다.

죄와 사망과 마귀의 세력을 이기게 하신 하나님께 찬양과 경배를 드립니다. "하나님께로서 난 자마다 죄를 짓지 아니하나니"라고 선언해 주신 말씀을 믿습니다. 저를 하나님의 자녀로 삼아주셔서 제가 하나님께로서 났음을 확신합니다.

하나님의 사랑이 저를 하나님께로서 나서 하나님께 속하게 해주셨습니다. 그리고 죄와 사망과 마귀의 세력을 이기었다고 선언해 주셨습니다. 주님께서 십자가에 달려 죽으심이 그 증거가 되어 우리를 죄와 사망과 사탄의 권세로부터 건져내어 주신 줄로 믿습니다.

오늘, 죄를 향해서 선언하기를 원합니다. "죄야, 이제부터 너는 나를 주관할 수 없다." 죄에게서 해방되어 의에게 종이 되었음을 선언하게 하시옵소서. 이로 말미암아 "거룩함에 이르는 열매를 얻었으니" 영생에 이르게 하셨음에 감사합니다.

저도 바울을 따라 사망에 대하여 묻게 하시옵소서. "사망아 너의 이기는 것이 어디 있느냐? 사망아 너의 쏘는 것이 어디 있느냐?" 이김을 주신 하나님께 감사하면서 오늘을 지내게 하시옵소서.

이제, 저에게 하나의 소원을 주시되 믿음으로 지내게 하시옵소서. 이 세상에서 살아가는 동안에 세상을 이기는 방법은 믿음이라고 하셨습니다. 예수님이 하나님의 아들이심을 믿기를 원합니다. 예수님을 믿음으로 죄 씻음 받고, 의롭다 하심을 받았고, 영생을 얻었고, 부활을 소망하고 확신하게 되었음을 믿습니다.

저에게 죽음과 불행을 가져왔던게 무엇이라 하셨습니까? 죄였습니다. 죄는 죽음과 불행을 가져왔지만 하나님의 의가 생명과 영원한 행복을 가져다 주었음을 믿게 하시니 감사합니다. 믿음으로 사람이 의롭다 하심에 이르게 하셨으니 감사합니다. 이제, 저는 하나님과 더불어 화평을 누릴 은혜만 즐거워하게 하시옵소서.

"깨어 의를 행하고 죄를 짓지 말라."는 말씀을 받습니다. 전에 제가 바로 죄를 즐기며 죄악의 구렁텅이에 빠져있었으니, 어찌 죄에 손을 넣어 주님을 다시 십자가에 달리시도록 하겠습니까? 죄의 잠에 빠지지 않기를 결단하며, 의를 행하는 것에 열심을 내게 하시옵소서.

저에게 오늘은 하나님을 경외하며 그의 계명대로 흠 없이 행하는 자로 기록이 되게 하시옵소서. 여호와께 "온전한 자의 날"로 살아드리게 하시옵소서. 하나님께서 저의 한 날을 받으실 만하게 드리는 그런 삶으로 이끌어 주시옵소서. 이로써 저의 하루가 바로 제단에 바쳐지는 제물이 되기를 원합니다. 저의 간절함은 여호와 앞에서 이 세상에서나 저 천국에서 하나님께 온전한 날이니 받아 주시옵소서.

예수님의 이름으로 기도드립니다. 아멘 ♡

8일
나와 함께 계신 주님
마 28:20

하나님 아버지,
하나님께서 구원의 은혜로 여호와를 경외하는 자로 삼아주시고, 저의 소원을 이루시며 또한 부르짖음을 들으사 구원해주심을 믿게 하시니 감사합니다.
예수님을 구주로 영접해드린 이후, 저의 하루는 하나님을 사랑한다는 고백으로 시작하게 하셨습니다. 사실, 지금까지의 저의 삶은 외로움이었습니다. 그 누구도, 그 어떤 시간에도 저에게 나의 편이 되어주었다는 것을 경험해보지 못하였고, 늘 혼자여야 했습니다. 저에게 주님께서 함께 해주신다는 말씀은 바로 복음이었습니다. 감사합니다.
하나님을 좋아하고, 하나님을 사랑하는 마음에서 하루를 시작하게 하시니, "볼지어다, 내가 세상 끝 날까지 너희와 항상 함께 있으리라." 말씀을 마음에 두게 하시옵소서.
하나님은 잠깐 동안이나 또는 어느 때만이 아니라 항상 함께 있으리라고 약속해 주셨습니다. 제가 들을 수 있는 그 어떤 말보다도 저를 사랑해주신다는 보증의 말씀이라 마음에 간직하게 하시옵소서.
저를 사랑해주시는 하나님, 감사합니다. 저를 위로해주시는 하나님, 감사합니다. 저에게 격려해주시는 하나님, 감사합니다. 사실, 저는 부모에게서도 '그래, 해봐. 내가 함께 해줄게' 라는 말을 들어 본 기억이 적었습니다.
그렇지만 주님께서는 항상 함께 있으리라고 하셨습니다. 이 약속을 받았으니 제가 살아가야 하는 삶의 모습에 주저하지 않고 달려가기를 원합니다. 하나님께 영광이 되는 것이라면 그 무엇에도 따져보지 않고, 실천에 옮기도록 하시옵소서.
이 땅에서, 주님의 사람으로 살아간다는 것이 어렵게 느껴집니다. 저에게 지혜를 주시옵소서. 주님께서 저에게 요구하시는 삶의 모습이 어쩌면 저를 외톨이가 되게 할 것 같아 두렵기도 합니다.
저에게 주님을 의지하게 하시옵소서. 오직 주님으로만 살았던 신앙 선배들의 삶, 그 삶을 저의 것으로 삼기에 부지런하게 하시옵소서. 그들의 모습에 감동하는데 그치지 않고, 바로 저의 길로 여겨서 따르게 하시옵소서.
"아담 안에서 모든 사람이 죽은 것 같이"는 바로 저의 옛 사람에 대한 증거입니다. 주님께서는 제가 치러야 할 죄 값을 대신해 주셨으니, "그리스도 안에서 모든 사람이 삶을 얻으리라."는 약속을 붙잡고 지내기를 원합니다. 새 사람이 된 신분에 감격하여 지내게 하시옵소서.
오늘을 지낼 때, 하나님의 구원을 믿는 삶이 되게 하시옵소서. 그러므로 저를 구원해 주시는 하나님을 잠잠히 바라게 하시옵소서. 하나님만 의지하게 하시옵소서. 오늘을 살아가는 순간, 순간에 "내가 크게 흔들리지 아니하리로다."라고 찬양을 드리게 하시옵소서.
저를 위하시는 하나님의 은혜에 감격합니다. 제 곁에 계시면서 언제나 무엇에든지 함께 해 주실 하나님을 바라고, 또한 여쭙기도 하면서 오늘을 지내게 하시옵소서. 보내어진 그 길을 걷게 하시옵소서.
예수님의 이름으로 기도드립니다. 아멘 ♡

9일
빛을 얻게 하시다
요 8:12

하나님 아버지,

여호와여, 하나님을 섬길 줄 모르고 살아왔던 저에게, 이제는 주의 말씀대로 주의 인자하심과 주의 구원이 임하기를 기다리며 지내게 하시니 감사합니다.

성전의 뜰에서 주님의 가르침을 듣던 자들에게, "나는 세상의 빛이니 나를 따르는 자는 어두움에 다니지 아니하고 생명의 빛을 얻으리라." 하셨던, 말씀을 저에게 주시는 말씀으로 받게 하시옵소서.

오늘, 아침에 경험한 것은 햇빛이 저에게 비추고 있음이었습니다. 그 빛은 저의 방에 들어와 방 안의 곳곳을 비춰주었습니다. 그 빛으로 잊고 지냈던 책들을 보게 되었고, 책장의 한쪽에 두었던 소품들을 보게 하셨습니다.

그 빛으로 말미암아 주님의 빛 되심의 진리를 묵상하게 하시고, 깨달음을 주시니 감사합니다. 햇빛이 방 안으로 들어오듯이 주님은 사람의 심령 안으로 들어와 그 자신을 보게 하신 줄로 믿습니다.

어떤 이들은 그 빛을 받아들이지 못할지라도, 주님은 누구에게나 들어오십니다. 저에게도 들어와 주셨습니다. 그 빛이 저에게 비추어 하나님을 알게 하시고, 의와 생명이 되어주셨습니다. 주님의 빛은 모든 사람에게 비췬다는 사실을 확신하게 하시옵소서.

아담의 타락 이후, 세상은 어두운 세상이 되었습니다. 그 세상에서 지내던 저는 하나님에 대한 참 지식도 없고 의와 거룩의 도덕성도 없으며 미래에 대한 소망도 없었습니다.

그렇게 지낼 뿐이던 저에게 예수님께서 하나님의 약속하신 메시야로 오셨음을 믿습니다. 예수님은 저에게 세상의 빛이심을 믿습니다.

이제, 저는 저에게 주님의 빛과 생명이 약속되어 있음을 믿습니다. 빛이신 주님께 저를 맡기기를 원합니다. 성령님께서 저의 마음을 강권하사, 주님을 따르게 하시옵소서.

제 인생의 삶을 주님께 내어드려 맡김을 시작하게 하시옵소서. 제가 정말로 예수님을 주님으로 모셨습니까? 그 증거로 주님을 믿고 의지하게 하시옵소서. 그에게 복종하는 삶으로 지내게 하시옵소서.

그 누가 저에게 하나님의 자녀가 되게 한다는 약속을 주겠습니까? 하나님께서 자녀로 삼아 주시는 약속을 주셨으니, "하나님을 두려워하는 가운데서 거룩함을 온전히 이루도록" 하시옵소서.

살아가는 동안에 거룩함을 온전히 이루게 하시옵소서. 그리하여 이 땅에서 하나님의 자녀로 살게 하시고, 이 삶으로 천국을 받게 하시옵소서.

주님의 다시 오심을 믿고 기다리게 하시옵소서. 주님의 오심을 기다림이 저의 신앙에 한 내용이 되게 하셨으니, 재림대망으로 지내기를 원합니다. "네가 가진 것을 굳게 잡아 아무도 네 면류관을 빼앗지 못하게 하라."는 주님의 말씀을 마음에 담고 오늘을 살게 하시옵소서.

예수님의 이름으로 기도드립니다. 아멘 ♡

10일
쉼을 주시는 주님
마 11:28-29

하나님 아버지,

죄 사함을 받고, 하나님의 자녀가 되게 하셨으니, 이제 저의 간구는 "우슬초로 나를 정결하게 하소서, 나의 죄를 씻어 주소서"라고 고백하는 오늘도 감사합니다.

예수님을 구주로 영접했던 그날, 저의 심령에는 말로 다 말할 수 없는 평안함이 들어왔습니다. 그 평안함은 처음으로 누려보는 은혜였고, 저는 그때, 눈물이 쏟아지는 것을 주체할 수 없었습니다. 저의 인생은 죄 안에서 육체적으로나 정신적으로 수고하고 무거운 짐을 지었던 삶이었습니다. 그러했던 저에게 평안을 주셨습니다.

죄로 말미암았던 짐, 내려놓으려 해도 내려놓을 수 없었던 죄의 짐을 알게 하신 하나님이십니다. 죄를 해결하지 못하고, 죄에서 벗어나 보려고 갖은 노력을 쏟아도 오히려 저의 삶을 더 무겁게 했던 시간들을 보게 하셨습니다. 죄 때문에 스스로 자유로울 수 없었던 불쌍한 인생에게 주님께서 선물이 되어 주셨음을 믿습니다.

죄의 짐에 눌려서 허우적거리던 인생을 주님께서 불러 주시고, 안식을 약속해 주셨음에 감사합니다. 누가 저에게 "쉬게 하리라."고 약속을 해준단 말입니까? 그가 어떤 권세와 능력으로 저를 누르고 있는 짐을 벗겨 주겠습니까?

저를 불쌍히 여기신 주님만이 베풀어 주실 수 있는 은혜라 깨닫고 감사합니다. 주님께서 저를 대신하여 죄를 해결해 주셨음을 믿습니다. 쉼. 그 쉼의 은혜였음에 감사합니다.

제가 쉼을 얻기 위해서, 또한 쉼을 가지려고 노력한 것은 없었습니다. 예수님을 주님으로 믿었더니, 그 순간, 제 심령에 다가온 변화를 누리게 하셨습니다. 쉼을 주신 주님의 품에서 지내게 하시옵소서. 사랑스런 그 품을 빼앗기지 않으려고 주님께로 나아가기를 원합니다.

저로 하여, 주님의 품에서 지내도록 주님의 멍에를 메고, 주님을 배우라 하신 말씀을 마음에 새기게 하시옵소서. 쉼을 주시고, 쉼을 누리는 방법도 알려 주셨으니 주님이 멍에를 메게 하시옵소서. 단 마음으로 주님을 배우게 하시옵소서.

주님께서는 온유하고 겸손하시므로 스스로 낮아지셨고 죽기까지 아버지께 순종하셨습니다. 저에게 온유하고 겸손하신 주님의 품성을 주시옵소서. 하나님 앞에서 스스로 낮아지셨고 죽기까지 하셨던 주님의 순종을 따르게 하시옵소서.

하나님에 대하여서는 담대하게 믿음으로 행하기를 원합니다. 제가 실제로는 주님과 함께 하지 못하지만 영적으로, 성령으로 그와 함께 있을 뿐임을 깨닫습니다. 보지는 못하지만 단지 믿음으로 주님과 함께하게 하시옵소서.

"그 안에 뿌리를 박으며 세움을 받아"라는 골로새 성도들에게 주신 말씀을 저의 것으로 삼습니다. 저를 천국 백성으로 삼아주시려고 예수 안에서 하나님이 자녀로 삼아 주셨으니 오늘을 살면서 "교훈을 받은 대로 믿음에 굳게 서서 감사함을 넘치게" 하시옵소서.

예수님의 이름으로 기도드립니다. 아멘 ♡

11일
교회에 모여 예배하기를 원하시다
행 2:46

하나님 아버지,

구원의 은혜를 베풀어 주셨으니 예수님을 주님이라 부르며 사랑하게 하시고, 속죄의 은혜를 받은 공로를 의지하여 주의 이름을 사모하게 하시니 감사합니다.

성령님의 강렬하신 임재로 하나님을 그리워하게 하시옵소서. 그리고 교회공동체의 지체들에게 호감을 갖게 하시며, 하나님께 영광을 드리고자 교회를 사모하게 하시옵소서.

교회가 그리워짐은 정말로 제가 경험하는 첫 마음입니다. 저를 지체로 받아준 교회의 성도들, 그들과 함께 앉아서 예배할 때, 한 몸이라는 감정을 갖게 하시니 교회가 즐겁습니다. 죄악의 자리에서 저를 구원해주셨던 주님의 사랑에 감사하면서 찬양으로 영광을 드리게 하시옵소서.

저를 자녀로 삼아 주셨듯이, ○○교회의 지체들도 하나님의 자녀로 삼아주셨습니다. 이제, 저희들에게 교회를 서로 사랑하면서 천국 백성의 한 지체로 지내게 하시옵소서. 저에게 손을 내밀어 준 교회의 지체들, 예수님의 보혈을 찬송하면서 그들에게 지체로서의 사랑을 더하게 하시옵소서. 저희들은 육체적으로는 남남이지만 주님의 보혈로 의의 형제를 이루게 하시옵소서.

교회에 모이면 주님을 뵙는 것 같게 하시니 감사합니다. 하나님을 뵙지 못하는 데도 하나님의 얼굴을 대하는 마음을 주시니 가슴이 뜨겁습니다. 예배를 기뻐하게 하시며, 성도들과 함께 한 마음으로 대하게 하시니 정말로 감격합니다. 천국을 바라보게 하시옵소서.

저의 집과 같이 사랑하게 된 ○○교회, 교회공동체에는 다양한 이들이 모여서 주님의 몸을 이룸을 확신합니다. 주님의 사랑을 통하여 주님의 은혜 안에서 한 몸이 되기를 다짐하기를 빕니다. 이 땅에, ○○교회를 세우시고, 우리가 교회 안에서 형제가 되게 하신 은혜를 묵상합니다.

신앙적으로, 또는 교회공동체에서 부족한 저는 교회의 지체들을 신앙의 선배이면서 영적으로 형님처럼 섬기기를 원합니다. 형을 따르고 본받는 심정으로 성도들을 대하게 하시옵소서. 그들 각 사람을 내 형제처럼 대하며, 굳건한 반석의 자리에 서도록 이끌림을 받게 하시옵소서. 주님의 은혜를 서로 공급하면서 하나님의 나라를 경험하게 하시옵소서.

오늘도 예비하신 하늘의 복으로 저 자신과 ○○교회의 지체들에게 복된 날이 되기를 원합니다. 사탄이 우리 교회의 공동체에 침투하지 못하게 막아 주시옵소서. ○○교회에서 서로를 섬기되 열심을 내게 하시옵소서. 내려주시는 은혜 안으로 들어가게 하시옵소서.

지금은 종말의 때가 가까워서 낙심하거나 주님을 사랑하고 서로 사랑하기에 힘을 잃기 쉬울 것입니다. "그러나 끝까지 견디는 자는 구원을 얻으리라."고 약속해 주셨으니 이 한 마디를 붙들고 지내기를 원합니다. 하나님의 자녀로 살아가기에 부족함이 없게 하시옵소서.

예수님의 이름으로 기도드립니다. 아멘 ♡

12일
하나님께 영광, 시시로운 모임이 아닙니다
시 84:3

하나님 아버지,
저의 죄가 참으로 무거워 하나님께서 심판을 하신다 해도 대들 수가 없었는데, 동이 서에서 먼 것 같이 그 무거운 죄의 짐을 멀리 옮겨 주셨으니 감사합니다.
창세전부터 저에 대한 구원을 계획하신 하나님의 사랑을 묵상합니다. 구원에 이를 때가 되어서 하나님을 아버지로 부르게 하셨음을 즐거워하게 하시옵소서.
저에게 교회를 주시고, 교회에 계신 하나님께 찬양과 경배를 드리게 하시니 감격스럽습니다. 하나님께서 계신 곳, 거룩하다고 정해주신 곳을 사모하며 지내게 하시옵소서. 교회에서 하나님을 그리워하며, 만군의 왕, 나의 왕, 나의 하나님을 경험하기를 원합니다.
저를 하나님의 교회에서 권속으로 삼아주셔서 함께 거룩한 가족이 된 성도들과 한 몸을 누리게 하시니 영광을 바칩니다. 하나님을 사랑하며 교회를 좋게 여기는 마음을 더하여 주시옵소서.
예수님을 구주로 영접한 그 날부터 저에게 교회를 사랑하게 하신 성령님을 찬양합니다. 교회에 들어설 때마다 아버지의 품을 경험하게 해 주시옵소서.
하나님의 은혜로 교회에서의 시간으로 안식을 누리게 하시고, 저의 심령은 평안함으로 즐겁게 하시옵소서. 종일을 교회에서 예배하는 시간으로 머물고 싶지만, 세상에서 저의 삶을 주셨다고 믿습니다. 삶의 시간이 바로 예배라 여기게 하시고, 삶을 영위하는 자리를 교회로 삼게 하시옵소서. 그렇게 개인적으로는 교회로 지내게 하시옵소서.

이어서 거룩한 날로 구별해 주시고, 정한 시간에 거룩하게 여겨주신 곳에 모일 때, 성전의 은혜를 누리게 하시옵소서. "주의 집에 거하는 자들이 복이 있다."고 한 다윗의 고백이 저의 것이 되게 하시옵소서. 그리하여 예배를 존귀하게 여기게 하시며, 하나님의 이름에 합당한 찬양을 드림을 사모하게 하시옵소서.

하나님께서 저의 평생에 사모해야 할 처소를 한 곳 더 주셨으니 곧 교회를 저의 집처럼 여기게 하시옵소서. 다윗의 유일한 소원은 그가 사는 평생 동안 하나님의 전에 거하며, 하나님과 친밀한 교제를 갖는 것이었습니다. 그 마음을 저 자신의 것으로 삼아, ○○교회의 권속과 함께 하게 하시옵소서.

성도들과 함께 하는 교회를 가까이 하는 동안에 환난 날에 저에게 피난처가 되어 주시는 은혜를 자기의 것으로 삼게 하시옵소서. 성전에 깃들일 수 있는 제비와 참새를 부러워했던 다윗의 마음을 저도 체험하며 고백을 올려드리게 하시옵소서. 그리하여 살아가는 동안에, 극한 곤경 중에서도 대적에게 마음을 빼앗기지 않게 하시옵소서.

마귀는 저를 쓰러뜨리려는 간교한 계획을 갖고 기회만 찾고 있다고 깨닫습니다. "주 안에서와 그 힘의 능력으로 강건하여져서" 마귀에게 대항하여 서 있도록 하시옵소서. "하나님의 전신 갑주를 입게" 하시옵소서. 하나님의 전신갑주로 무장하여 세상으로 나아가게 하시옵소서. 예수님의 이름으로 기도드립니다. 아멘. ♡

13일
하나님께서 위엄을 성소에서 나타내심
시 68:35

하나님 아버지

예수님을 구주로 영접한 이후, 지금까지 지내오면서, 사모하는 영혼에게 만족을 주시며 주린 영혼에게 좋은 것으로 채워주심을 누리게 하시니 감사합니다.

하늘의 문을 여시고, 저에게 큰 복을 내려 주심을 믿습니다. 그 은혜로 하루, 하루를 지내면서 ○○교회가 좋아지고 있습니다. 주님께서 사랑하시는 ○○교회에 새 백성이 되어 지체로 섬기게 된 것이 여간 기쁨이 아닙니다.

교회를 좋아하며, 여호와께 존귀한 지체를 사랑하게 하시니 감사드립니다. 오늘, 한 시간의 간구를 통해서 교회를 존중하고, 영광을 올려드리게 하시옵소서.

믿음의 생활을 시작하도록 해 주신 하나님께서 저를 사랑해주시는 곳, 하나님을 만나는 장소로서 교회를 받아들이게 하시옵소서. 하나님은 자기 백성에게 성소를 짓도록 하시고, 그곳에 계시겠다고 하신 줄로 믿습니다. 성소에서 자기 백성을 만나 주시는 하나님의 은총을 저에게도 경험되게 하시옵소서.

하나님께서 택함을 받게 하신 성도에게 자기를 나타내시려고 교회에 계신다는 사실을 배웁니다. 제가 교회를 찾아 함께 지체된 이들과 한 마음으로 예배할 때 하나님의 영광을 나타내 주시옵소서.

이로써, 교회는 사람들의 공동체이지만, 하나님이 계시는 거룩한 장소임을 깨닫는 은혜를 즐기게 하시옵소서. 그 은혜로 주님의 교회가 사랑스럽다고 고백하게 하시옵소서.

나아가, 하나님께서는 저희들의 예배를 받으신다는 증거로 하늘로부터 성령님으로 힘과 능력을 내려 주시옵소서. 저희들은 성령님의 능력을 공급 받아야만 세상을 정복할 수 있다고 믿습니다. 모일 때마다 성령님께 충만하게 하시옵소서.

하나님의 교회를 귀하게 여기는 저에게 교회에서만 경험될 수 있는 하나님의 은혜, 그 은혜에 감격하면서 교회를 중심으로 믿음의 길을 걷게 하시옵소서. 그리하여 저에게 세상에서 살아가는 동안에, 하나님께서 영광을 받으시는 교회를 사랑하게 하시옵소서. 교회를 향한 사랑이 바로 하나님께 바치는 사랑으로 경험되게 하시옵소서.

교회에서 자신의 영광을 나타내시고, 교회로 말미암아 자기의 뜻을 이루어 가시는 하나님께 찬양으로 영광을 드립니다. 저에게 마음을 다하여 교회를 사랑하게 하시옵소서.

마귀의 역사로 교회에 대한 회의가 스며올 때, 성령님께서 물리쳐 주시옵소서. 하나님은 교회에서 위엄을 나타내시고, 저희들의 예배를 받으시며 응답해 주심을 믿습니다.

복음으로 말미암아 함께 상속자가 된 교회 안의 지체들, 주님께서 흘려주신 피로 "함께 약속에 참여하는 자"가 되었음을 잠시라도 잊지 않기를 원합니다. 교회의 지체들을 존귀하게 여기며, 그들과 함께 부활과 영생의 약속에 참여하기를 기다리게 하시옵소서.

예수님의 이름으로 기도드립니다. 아멘. ♡

14일
내 영혼이 여호와의 궁정을 사모함
시 84:2

하나님 아버지,

하나님을 섬기지 않으며, 욕심을 채우기에 급급하여서 흑암과 사망의 그늘에 앉았으며, 곤고와 쇠사슬에 매였던 인생에게 평안이 찾아들게 하시며, 이렇게 자유하게 해 주시니 감사합니다.

제가 하나님을 아버지로 사랑할 때, 하나님께서 만나 주시며, 복을 베풀어 주시는 ○○교회에 대하여 새로운 깨달음을 얻게 하셨습니다. 오늘도 하나님의 자비하심으로 성령님을 모셔드려 성령님의 강권하심에 '아멘'으로 순종하고 따르게 하시옵소서.

이제까지와 같이, 여호와의 백성으로 살아가고자 할 때, 하나님의 말씀과 찬송으로 위로를 받게 하시옵소서. 저의 평생을 위해서 교회를 주신 하나님을 사모하며 지내는 시간으로 오늘을 지키게 하시옵소서. 주님의 몸으로서 교회를 사모하는 마음을 갖게 하셨음에 감사하면서 한 날을 시작합니다. 저에게도 다윗처럼 여호와의 궁정을 사모하는 열심을 갖게 하시옵소서. 다윗이 하나님을 사모하여 하나님께서 계신 곳을 그리워했던 것처럼, 하나님을 사랑하므로 교회도 가까이 하려는 열심을 주시옵소서.

교회에 하나님의 임재가, 그의 영의 감동이, 자기 백성을 위하심이 있는 줄로 믿습니다. 하나님께서 저에게 정해주신 ○○교회가 영원히 사모해야 할 나의 집임을 고백하게 하시옵소서.

교회에서 저를 위하여 은혜를 베풀어 주시는 하나님을 경험하게 하시옵소서. 저의 입술로 "주의 집에 거하는 자가 복이 있나이다."라고 찬양하게 하시옵소서.

제가 하나님 안에 있음을 교회를 사랑함으로 증명이 되게 하시옵소서. 하나님께 힘을 얻고 지내는 보장으로 교회를 가까이 함이 되게 하시옵소서. 늘 교회에 마음을 두면서 한 마음으로 교회를 이루고 있는 지체를 가까이 하게 하시옵소서. 교회와 함께 주신 사랑하는 성도들, 그들을 가족으로 섬기며 지내게 하시옵소서.

저에게 ○○교회로 가까이 이끄시는 여호와여, 하나님을 사랑합니다. 교회를 가까이 하려는 마음이 변하지 않도록 지켜 주시기를 빕니다. 사탄이 틈을 타 저에게 교회에 대한 방해를 하지 못하도록 막아 주시옵소서. '교회 중심'의 마음으로 지내는 동안에, "그 마음에 시온의 대로가 있는 자"로 삼아 주실 것을 믿습니다.

저에게 하나님과 함께 하는 방법을 알려 주셨으니, 바로 교회입니다. 저에게 정해주신 ○○교회에 마음을 두고 지내야 한다는 것을 결단하게 하시옵소서. 그리고 교회에서 하나님을 찾을 때, 만나주시고, 함께 하시는 기쁨을 누리게 하시옵소서. 제가 교회를 사모하는 마음을 가질 때, 불이 붙는 마음을 주시옵소서.

오늘, 하나님을 생각할 때, "상전을 바라보는 눈, 여 주인의 손을 바라보는 여종의 눈"이 되게 하시옵소서. 오늘을 산다는 것은 오직 저의 눈이 여호와 우리 하나님을 바라보는 것이기를 원합니다. 저에게 "은혜 베풀어 주시기를 기다리나이다."라고 고백하게 하시옵소서.

예수님의 이름으로 기도드립니다. 아멘. ♡

15일
내 성소가 영원토록 그들의 가운데 있으리니
겔 37:26

하나님 아버지,

여호와께서는 하나님의 자녀라 삼아주시며, 저를 위하여 모든 것에 선대하시고, 벌레만도 못했던 인생에게 모든 것에 긍휼을 베풀어 주시니 감사합니다.

하나님께서 저에게 소속하여 섬길 수 있는 교회를 주시고, 믿음의 생활로 살아가게 하셨음을 기억합니다. ○○교회를 중심으로 살기를 좋아하게 하신 것을 생각합니다.

저에게 교회생활로 말미암아 하나님을 예배하기 위해서 세상으로부터 구별된 장소의 은혜를 누리게 하시옵소서. 교회공동체를 사모하는 중에, 자기 백성을 위하여 화평의 언약을 맺으신 은혜로 들어가게 하시옵소서.

하나님께서 자기 백성을 성소에 두신다는 언약을 받게 하셨습니다. 그리고 성소에 내려 주시는 복으로 저를 번성케 하실 것이라는 언약을 받게 하셨습니다. 제가 교회를 중심으로 살아가는 동안에는 하나님께서 영원히 저와 함께 하실 줄로 믿습니다. 성소로 말미암아 자기 백성에게 약속해 주신 복을 누리게 하시옵소서.

저는 이제, 모든 죄를 멀리하고 성경에 교훈된 하나님의 모든 말씀을 즐거이 지키며 지낼 것을 다짐하게 하시옵소서. 주님의 교회에서 한 몸을 이루는 이들과 함께 하나님을 경외하며 지내는 복을 귀하게 여기게 하시옵소서. 하나님을 의지하며 말씀과 기도로 살고, 거룩하고 의롭게 살아가기를 기도하게 하시옵소서.

교회에서 "나는 그들의 하나님이 되고 그들은 내 백성이 되리라."하신 하나님의 음성을 듣게 하시옵소서. 성소를 세워서 영원히 이르게 하시는 하나님의 은혜에 들어가게 하시옵소서.

그의 성소를 영원히 그들 가운데 세우실 것이라고 말씀하셨습니다. 교회 안에서 제가 하나님의 사람으로 세워지고, 주님의 제자로 살아가도록 하시옵소서.

성도로 구별된 이들이 모여서 하나님께서 베풀어 주신 은총에 감사하고, 그 이름을 찬송할 때, 저에게도 언제나 여호와의 이름에 합당한 찬송을 올려드리려는 소원을 품게 하시옵소서. 삶의 현장에서 힘들고, 지치게 되었던 상황들이 교회 안에서 회복되는 은혜를 즐거워하게 하시옵소서.

이 시간에, 세상을 살아가면서 여러 가지의 상황들에 부딪칠 때, 사람의 힘으로 풀려지지 않는 문제들이 해결되는 복을 받게 하시옵소서. 나아가 무시로 기도하는 것들이 응답되어서 범사에 형통함을 보는 은혜를 내려 주시옵소서.

오늘, 한 날을 여호와 앞에서 거룩하게 하시며, 입을 지켜서 더러운 말을 입 밖에 내지 않아 "하나님의 성령을 근심하게 하지" 않도록 강권해 주시옵소서. 매일, 매일의 삶에서 모든 행위에 있어서 경건하지 않은 행위, 죄악 된 행위를 거절하기를 원합니다. 거룩하신 하나님의 영 앞에서 저의 삶도 거룩하게 하시옵소서.

예수님의 이름으로 기도드립니다. 아멘. ♡

16일
우리 주로 더불어 교제케 하시는 하나님
고전 1:9

하나님 아버지,
하나님을 아버지라 부르게 하셨던 그날부터 지금에까지, 여호와를 경외하는 것을 생명의 샘으로 받아들이게 하시며, 수십 년 동안을 억눌러 지내게 하였던 사망의 그물에서 벗어나게 하시니 감사합니다. 천국 백성으로 삼아 주셨으니 하나님 앞에서 지내게 하시옵소서.
저는 지금, 믿는 것이 딱 하나 있습니다. 주님께서 저를 구원해 주시려고 십자가에 자기의 몸을 제물로 주셨기 때문에 저를 버리지 않으신다는 믿음입니다. 그 은혜로 저에게 교회에 속하게 하셨고, 교회공동체에서 지체로서의 기쁨을 누리게 하셨다고 믿습니다. 아울러 교회를 통해서 저를 지켜주신다는 확신을 갖게 하셨습니다.
전에는 알지도 못했던 사람들을 주님의 십자가 아래에서 만나 '주 안에서 형제'로 받게 하시니 하나님께 영광이 되게 하시옵소서. 만일, 제가 예수님을 몰랐더라면, 제가 하나님을 아버지로 부르지 않았다면 이들을 만나지도 못했을 것입니다. 그들이 저를 교회의 한 몸으로 받아 주어서 공동체를 갖게 하시니 감사합니다.
여호와께 존귀한 지체들, 십자가에서 흘리신 주님의 보혈이 우리 안에 흘러서 한 지체로 살 되, 뜨거운 사랑으로 지내게 하시옵소서. 주님의 은혜로 저희들이 ○○교회의 존귀한 지체가 되었음을 감사하게 하시옵소서. 이 땅에서 저희들이 하나 됨을 누리도록 주신 교회 안에서 지체를 섬기게 하시옵소서.

저희들 서로가 이 땅에서 사는 날 동안에 사랑으로 섬기기를 더하게 하시옵소서. 주님의 보혈로 맺어진 지체들이 되었으니 희락의 공동체가 되게 하심을 빕니다.

저의 작은 입술로 공동체의 지체를 축복할 때, 하나님께는 받으실 만한 영광이 되시옵소서. 이로써 초대 교회의 성도들처럼 사도들에게 가르침을 받으면서, 함께 교제하며 떡을 나누는 사랑으로 들어가게 하시옵소서.

하나님의 말씀이 없는 교제는 사랑의 공동체를 만들지 못한다는 것을 깨닫습니다. 말씀의 가르침에서 서로를 섬기면서 필요를 채워주게 되는 저희들이 되게 하시옵소서. 주님의 사랑이 저희들의 사랑이 되어 서로 섬기게 하시옵소서.

"하나님을 가까이하라 그리하면 너희를 가까이하시리라."는 말씀을 약속으로 받게 하시옵소서. 하나님께서 함께 하시면 저를 공격해오는 사탄 마귀를 물리치고, 온갖 유혹을 이겨낼 수 있다고 확신합니다. 세상과 가까이하지 않고, 하나님을 가까이함을 사모하게 하시옵소서.

오늘, 제가 하나님 앞에서 거룩한 결단을 드리기를 원합니다. 저를 구원해주신 그 은혜 안에서 하나님께 신실하게 하시옵소서. 오직 하나님을 사모하여 하나님의 성품을 본받게 하시옵소서.

하나님께서 거룩하시니 저도 거룩해야 하고, 주님이 온유, 겸손하시므로 저도 온유하며 겸손하게 하시옵소서. 하나님 앞에서 완전을 향해 달음질치게 하시옵소서.

예수님의 이름으로 기도드립니다. 아멘. ♡

17일
너희 중에는 그렇지 아니하니
막 10:43-44

하나님 아버지,

예수님을 주로 고백하여 하나님 앞에서 지내게 하시고, 천국 백성이 되어 여호와를 경외하여 생명에 이르게 하시고, 다시는 마귀 사탄의 훼방으로 재앙을 당하지 않을 것을 믿으니 감사합니다.

저의 마음을 확정하여 기도의 시간을 지키도록 하신 은혜를 즐거워합니다. 오늘도 시간을 구별해서 하나님을 찾게 하셨습니다. 저의 심령을 간구의 영으로 이끄시니 머리를 숙입니다.

성령님의 이끌어 주심에 따라 오늘, 제가 간구해야 될 것을 다 빌게 하시옵소서. 하나님께 영광을 드림을 위하여 제가 이 땅에서 지내는 동안에 하나님의 사람으로 살아가기 위하여 간구하게 하시옵소서.

세상에서 살아가는 동안에 제가 배운 것은 남들과의 경쟁이었습니다. 어려서부터 배운 것은 남들과의 경쟁에서 이기는 것, 남보다 뛰어나는 것이었지요. 남들을 누르고 이겼다는 것에서 만족했던 습관을 갖고 있었습니다. 그러했던 저에게 교회는 그렇지 않다는 것을 배우게 해 주시니 감사합니다. "너희 중에는 그렇지 아니하니"라는 말씀을 간직하게 하시옵소서.

교회는 세상의 원리와 다른 원리, 정반대의 원리를 갖고 있음을 생각하게 하시옵소서. 세상에서는 지배의 원리가 작동되지만 하나님의 백성에게는 섬김의 원리로 관계된다는 것을 배우기를 원합니다. 교회공동체는 섬겨야 하는 대상이라는 것을 배우게 하시옵소서.
교회를 사랑하고 존중함으로 말미암아 저를 하나님께 드림이 되게 하시옵소서. 초대 교회의 신비는 "모든 물건을 서로 통용하고 또 재산과 소유를 팔아 각 사람의 필요를 따라 나눠주는 일"에서 나타났습니다. 이제, 저에게도 교회를 통하여 제 것으로 서로를 섬기는 은혜에 들어가게 하시옵소서. 자기의 것으로 남을 섬김으로써 주님의 은혜를 공유하게 하시옵소서.
성령님께 충만해진 ○○의 성도들, 서로 섬기게 되었으며, 필요를 채워주는 사랑을 경험하였던 초대 교회의 은혜를 누리게 하시옵소서. 교회에 모여 지체를 섬기는 것을 즐거이 여기도록 하시옵소서. 거저 받은 은혜를 거저 베풀게 하시옵소서. 서로 섬기는 공동체의 은혜로 하나님 앞에서 겸손하게 하시고, 지체들에게 온유하게 하시옵소서.
하늘로부터 내려오는 은총으로 그리스도의 장성한 분량의 충만함에까지 이르게 하시옵소서. 하나님께서 인정하시는 완전함에 이르기까지 성령님께의 순종과 기도와 말씀으로 자라기를 원합니다. "하나님의 아들을 믿는 것과 아는 일에 하나가 되어 온전한 사람을 이루어" 가게 하시옵소서.
오늘, 종일을 지내는 삶에서 하늘의 문이 열리고, 성령님의 충만하심에 들어가게 하시기를 빕니다. 저의 가정에 속한 식구들에게도 주님께서 주시는 기쁨으로 충만하게 하시옵소서. 여호와 앞에서 의의 가정을 이루어 가게 하시옵소서.
예수님의 이름으로 기도드립니다. 아멘. ♡

18일
장로들을 배나 존경할 자로 알되
딤전 5;17

하나님 아버지,

여호와께서 열방의 목전에서 그의 거룩한 팔을 저에게 나타내셨으므로 하나님의 구원을 보게 하시고, 평안하게 해 주시니 감사합니다.

제가 누구였습니까? 먹보다도 더 검은 죄로 물들어 죽을 수밖에 없었음에도 저의 죄를 용서해 주시고, 영생에 이르게 하시는 은혜가 저에게 임한 것에 감사합니다. 주님의 보혈의 은혜가 생명수의 강수로 그에게 지금은 저의 가정에까지 흐르게 된 것에 감사합니다.

하나님의 말씀에 따라, 주님을 믿어 천국의 백성이 되게 하시고, 저에게 영생의 복을 주신 하나님을 찬양합니다. 그 은혜로 교회를 찾게 하시고, 예배의 깊은 데로 나아가게 하시옵소서. 교회를 가까이 하고, 교회 안에서 하나님의 뜻을 배우고, 찾는 기쁨을 주시옵소서.

제가 교회에서 목사님을 어떻게 섬겨야 하는지를 가르쳐 주신 하나님께 감사합니다. "잘 다스리는 장로들을 배나 존경할 자로 알되"라고 하셨습니다. 하나님께 선택을 받아 수고하는 종을 섬기게 하시옵소서. 배나 존경하는 자로 알라고 하셨으니, 그들의 수고에 대한 인사를 갑절로 나타내게 하시옵소서.

양떼를 사랑하는 마음으로 교회를 위하여 수고하시는 목사님, 그의 가르침 한 마디를 하나님의 음성으로 받고 순종하게 하시옵소서. 또한 그를 위해서 기도하게 하시옵소서. 그의 간구에 저의 기도를 몇 마디라도 보태어 목회하시는데 하나님께 영광이 되시기를 원합니다. 혹시라도 저의 부족함인 어리석음으로 목사님이 근심하지 않으시기를 원합니다. 가르침을 잘 따르는 양이 되게 하시옵소서.

저의 심령에 사람의 입술을 통해서 하나님의 말씀을 듣기를 사모하게 하시옵소서. 여호와께로부터 복 되려면 하나님께서 세우신 종들을 통해서 선포되는 말씀을 진실하게 받을 수 있어야 한다는 것을 배웠으니 잊지 않게 하시옵소서.

하나님께서 저를 위하여 목사님을 세우시고, 감독자를 삼으신 줄로 믿습니다. 목사님의 보살펴 주심과 가르침으로 잘못된 말에 속지 않게 하심을 믿습니다. 그리고 세상의 죄악 된 풍조로부터 저를 지키게 해 주실 것입니다. 저를 위하여 세워주신 지도자를 단 마음으로 따르게 하시옵소서. 그의 인도를 받음이 하나님의 은혜라 여깁니다.

이제, 저의 마음에 교회를 즐거워하게 하시고, 하나님을 배우도록 수고해 주시는 목회자를 존경하게 하시옵소서. 담임 목사님을 비롯해서 여러 교역자들의 가르침을 잘 받고, 그들의 수고를 늘 기억하게 하시옵소서. 그 은혜를 좋아하며 교회 안에서 공동체가 된 지체들과의 친교를 귀하게 여기게 하시옵소서.

하나님 앞에서 살아가는 시간에, "아이가 되지 말고 장성한 사람이 되라."는 말씀을 달게 받게 하시옵소서. 지혜, 생각, 깨달음에 있어서 성숙한 인격의 사람이 되기를 원합니다. 그리고 악에 대하여서는 악함을 모르는 어린아이로 지내게 하시옵소서.

예수님의 이름으로 기도드립니다. 아멘. ♡

19일
저희가 사도의 가르침을 받아
행 2:42

하나님 아버지,

저의 인생이 흑암에 행하던 백성이었습니다. 저에게 큰 빛을 보게 하시고, 사망의 그늘진 땅에 거주하던 어리석은 자에게 생명에 이르는 빛을 비쳐 주셨으니 감사합니다.

오늘, 저의 입술을 주님께 드려 저와 우리 교회의 권속에게 여호와의 임재를 소망하여 빌게 하시니 감사합니다. 저와 함께 사랑하는 지체들이 교회에 임하시는 성령님께 충만하게 하시옵소서.

저희들 모두에게 예비 되어 있는 복을 내려 주시되, 풍성하게 해 주시기를 빕니다. 목사님을 중심으로 하나님의 교회를 세워가게 하시옵소서. 초대 교회의 성도들이 사도의 가르침을 받은 기록이 오늘, 저희들의 신앙행전이 되게 하시옵소서.

초대 교회가 경험했던 은혜를 오늘, 저희들에게 이어지게 하시옵소서. 목사님을 중심으로 말씀과 본으로 가르치시는 지도자를 따르는 저희들이 되게 하시옵소서. 그 가르침에 순종해서 믿어야 할 것과 행해야 할 것에 부족함이 없는 ○○교회로 인도해 주시옵소서. 권세 있는 가르침에 순종하여 교회가 든든히 세워지기를 원합니다.

구원을 받은 성도들이 교회를 이루게 됨을 믿습니다. 교회에서 경험되는 말씀의 가르침과 성도들의 교제로 말미암아 저희들 다 함께 천국 백성의 신비를 즐기게 하시옵소서. 구원 이후에 경험하게 되는 하나님의 은혜가 임하여 저희들은 한 마음과 한 몸으로 공동체의 친교를 그리워하게 하시옵소서.

바른 진리의 가르침에서 세워지는 저희들의 믿음은 그대로 한 몸이 되기를 사모하고, 서로 교제하기를 힘써 열매를 맺어가게 하시옵소서. 서로에게 문안하고, 서로를 돌아보는 교제의 공동체를 사모하게 하시옵소서. 서로를 향해 오래 참고, 서로의 허물을 용서하며, 서로에게 진실을 말하며 상대방에게 선을 행하게 하시옵소서.

우리가 함께 하고 있는 교회가 이 땅에서 주님의 몸이 되어 그 은혜의 영광에 들어가게 하시옵소서. 예수님의 보혈로 말미암아 한 지체가 되어서 예배하게 하셨음에 찬미하게 하시옵소서.

주님의 보혈을 함께 마시면서 같은 생각, 같은 말, 같은 소망으로 나아가게 하시옵소서. 이로써 저희들에게 무릎을 꿇어 기도하는 공동체로 삼아주시옵소서.

성령님의 감동에 따라 모이기를 즐거워하는 저희들이 되게 하시옵소서. 믿는 사람들이 다 함께 있었던 초대 교회 공동체의 사랑을 나누게 하시옵소서. 저희들의 사랑으로 ○○교회가 든든하게 세워질 줄로 믿습니다. 주 안에서의 친교로 하나님과 성도간의 온전한 관계를 이루어 교회를 교회 되게 하는 영광의 즐거움에 들어가게 하시옵소서.

내가 그리스도와 함께 십자가에 못 박혔나니 그런즉 이제는 내가 사는 것이 아니요 오직 내 안에 그리스도께서 사시는 것이라 이제 내가 육체 가운데 사는 것은 나를 사랑하사 나를 위하여 자기 자신을 버리신 하나님의 아들을 믿는 믿음 안에서 사는 것이라

예수님의 이름으로 기도드립니다. 아멘. ♡

20일
교회에서 천국을 경험
시 27:4

하나님 아버지,

누가 저에게 죄의 문제로 변론하자 하겠습니까? 저의 죄가 주홍 같을지라도 눈과 같이 희어지게 하시며 진홍 같이 붉을지라도 양털 같이 희게 되리라 하신 말씀을 믿게 하시니 감사합니다.

영혼이 잘 됨 같이 범사가 잘 되고, 강건하기를 원하시는 하나님의 은혜가 저의 인생과 저의 가정에 넘치기를 소망합니다.

예수님을 영접하신 날부터 이제까지 하나님의 은혜와 사랑이 넘친 것에 감사합니다. 그 은혜를 기억하면서 하나님을 그리워하여 다윗이 원했던 간구, "내 생전에 여호와의 집에 거하여"를 저의 간구로 삼게 하시옵소서.

하나님을 뵙는 은혜가 있는 교회는 저에게 아름다움입니다. 하나님께서 만나 주시고, 음성을 들려주시는 교회는 저에게 목숨인 줄로 믿습니다.

제가 살아가는 시간이 교회와 함께이기를 원합니다. 교회에서 하나님을 공경해 드리게 하시옵소서. 제가 이 땅에서 숨을 다하는 그 때까지 교회를 저의 삶으로 삼게 하시옵소서. 이스라엘 백성에게 만나를 줍도록 하셨던 것처럼, 저에게는 교회에서 생명의 물과 생명의 떡을 먹음이 되게 하시옵소서.

오늘, 한 날의 시간도 성령님께서 저를 감동해 주셔서 하나님을 구하게 하시옵소서. 제가 지금, 여기에서 마땅히 빌 바를 깨달아 알아 간구하게 하시옵소서. 먼저, 하나님의 뜻을 위하여 빕니다. 그리고 저에게 향하신 하나님의 계획을 이루어드림이 저에게 소원이 되어 간구하게 하시옵소서.

오늘이 하나님을 주목하는 복된 삶이 되게 하시옵소서. 하늘에서 이루어진 하나님의 뜻이 그의 삶에서 그대로 이루어지기를 빕니다. 자녀의 가장 행복한 시간은 부모와 함께 집에서 평안히 지내는 순간임을 기억합니다.

저에게 교회를 통하여 주님께서 동행하셔서, 복스러운 한 날이 되게 하시옵소서. 오늘이 바로 하나님께 드려지는 거룩한 시간이기를 빕니다. 제가 오늘을 지내면서 어디를 가든지, 무엇을 하든지 여호와의 동행을 느끼며 사는 한 날이 되게 하시옵소서.

이 은혜로 말미암아 평생 동안 여호와 앞에서 살려는 소원도 사모하게 하시옵소서.

저에게 일생 동안 하나님의 전에 거하며, 하나님의 은혜를 묵상하고 그 은혜를 구하려는 소원을 자기의 것으로 삼게 하시옵소서. 언제나 교회를 가까이 하고, 날마다의 삶이 하나님의 은총으로 말미암는 복을 내려 주시옵소서.

오늘, 하나님 앞에서 4개의 단어에 주목하게 하시옵소서. "깨어라, 믿음에 굳게 서라, 남자답게, 강건하여라." 입니다. 영적으로 잠들지 말고 믿음이 없어 요동하지 말고, 정신을 차리고 믿음에 굳게 서기를 원합니다. 이로써 마귀와 악한 영들에게 대항하게 하시옵소서.

예수님의 이름으로 기도드립니다. 아멘.♡

21일
자기를 부인하자
눅 9:23-24

하나님 아버지,

하나님을 믿으려 하지 않았던 시간에 저의 모습은 '불의를 행하는 자'였습니다. 생각하는 것이라고는 악한 꾀를 꾸미는 게 전부였음에도, 저를 불쌍히 여기사 구원해 주셨으니 감사합니다.

"아무든지 나를 따라 오려거든." 주님께서 제자들에게 하신 말씀을 저도 받기를 원합니다. 오늘을 지내면서 주님의 말씀에 순종하도록 성령님께서 인도해 주시옵소서. 성령님께서 강권해 주시지 않으시면 제가 어떻게 주님의 말씀에 순종할 수 있습니까?

먼저, 저에게 자기를 부인하라는 가르침의 말씀을 달게 받게 하시옵소서. 저에게 예수님이 주님이시라면 저는 종이어야 한다는 것을 깨닫습니다. 주님께서 주님이 되시도록 저를 부인하게 하시옵소서. 제가 본래 갖고 있었던 생각과 인생관, 가치관은 허무하고 죄악 되기 때문에 주님을 따르는 길과는 무관하다는 것을 깨달았습니다.

사실, 제가 갖고 있는 것들은 하나님을 알지 못했을 때 가졌던 것들로 하나님의 뜻에 맞지 않고, 올바르지 못한 것들이었으며, 영원한 삶의 소망이 없는 허무한 것들이었을 뿐이었습니다. 만일, 제가 저를 부인하지 않는다면 주님을 따를 수 없을 것입니다. 이 시간에, 성령님께서 저를 부인하도록 하시옵소서.

"날마다 제 십자가를 지라."고 하셨습니다. '날마다' 라는 말씀은 변덕스럽게, 기분적이게, 감정의 굴곡이 심하게 하지 말고, 꾸준히, 성실히, 변함이 없이 주를 따라야 할 것을 가르친다고 깨닫습니다.

'제 십자가를 지고' 라는 말씀은 주님을 따르는 우리 각자에게도 하나님이 주시는 자기의 십자가가 있다는 것을 알게 하십니다. 그 십자가가 어떤 것인지는 아직 잘 모르지만 제가 주님을 따르는 동안에, 하나님께서 주신 십자가를 져야 한다는 것이겠지요?

주님을 위해서 "제 목숨을 잃으라."고 하셨습니다. 자기의 십자가를 진다는 말씀은 결국 죽음을 암시하는 것입니까? 그것은 제가 죽기까지 믿음을 지키고, 죽기까지 하나님과 주 예수님께 충성하는 것을 의미한다고 깨닫습니다. 사실, 인생의 삶은 어떻게 살다가 어떻게 죽느냐 하는 것이 중요하겠지요.

전에, 제가 그러하였던 것처럼 많은 사람들은 하나님 없이 살다가 하나님 없이 죽어갑니다. 그들은 세상에서의 행복을 추구하다가 허무하게 죽어갑니다. 그러나 저는 다르다는 것을 믿습니다.

이 땅에서 하나님께의 영광을 소망하며 살고, 하나님께 충성하다가 죽을 것이지만 그 죽음은 하나님과 더불어 사는 영생의 길임을 깨달으니 이 길에서 떠나지 않게 하시옵소서.

이제는 저의 몸이 "그리스도의 몸이며, 지체의 각 부분이라."는 것을 깨닫게 하시옵소서. 주님의 몸이 거룩하고 존귀하듯이, 주님께 지체인 저도 거룩하고 존귀한 자가 되기를 원합니다. 다시 옛 사람의 행실을 즐기며 자신의 몸을 더럽히지 않게 하시옵소서.

예수님의 이름으로 기도드립니다. 아멘 ♡

22일
하나님의 일에 대한 소원을 품자
요 6:29

하나님 아버지,
저의 삶이 곤고해졌을 때, 전에 같았으면 자신을 비관하고, 세상을 저주하며 지내었을텐데 주님의 큰 긍휼을 의지하여 소망을 갖게 하시니 감사합니다.
저를 구원에 이르도록 해 준 주님의 십자가를 바라보게 하시옵소서. 십자가 아래에로 다가서게 하시옵소서. 오늘, 하나님 앞에서 거룩함에 저를 드리게 하시옵소서. 하나님께 드려진 삶에 도전하게 하시옵소서.
"하나님의 보내신 자를 믿는 것이 하나님의 일"이라고 가르쳐 주신 주님의 말씀이 저에게 도전이 되기를 원합니다. 예수님을 믿으면 영생을 얻게 되는데, 그것이 하나님의 일이라 깨닫습니다. 사람으로 영생을 얻도록 해야 함을 깨닫습니다.
예수님을 믿어 영생에 이르고, 저 죽어가는 자에게 예수님을 믿게 해서 영생을 얻도록 함에 힘쓰게 하시옵소서. 예수님을 주님으로 믿도록 해서 영생을 얻게 하는 일에 사용하여 주시옵소서.
오늘을 지내면서 사람들을 만나겠지요? 그들 중에는 하나님께서 구원하시기로 작정하신 이도 있을 것이라 깨닫습니다. 바로 그에게 주님께서 저에게 썩지 않는 양식이시며, 영생하도록 있는 양식인 것을 전하게 하시옵소서.

저에게 믿음의 의미를 깨달아 알게 하시옵소서. 하나님을 믿는다는 것은 무엇입니까? 믿음은 예수님을 저의 심령에 주님으로 환영하고 영접하는 것이라 생각합니다. 믿음은 하나님의 백성으로서 아버지를 향해서 심령으로 순종하는 것이라 깨닫습니다.

저의 심령에서 주님을 거역하거나 거절하거나 배척하지 않게 해 주시옵소서. 그러므로 오늘을 지내면서 썩는 양식을 위해 일하지 않고, 영생하도록 있는 양식을 위해 일하게 하시옵소서.

저에게 믿음을 주시옵소서. 입술의 말로서만이 아니라 저의 삶에서 예수님이 하나님의 아들 그리스도이심을 믿기를 원합니다. 저는 아직까지 예수님이 주님이 되심을 기적과 이적으로 다 경험하지는 못했습니다. 성경에 기록되어 있는 주님의 기적에 동참해서 예수님을 '나의 주님'으로 고백하게 하시옵소서.

지금 이후, 오늘 종일을 지내면서 하나님이 첫째가 되어 주시옵소서. 저로 하여 하나님의 말씀을 첫째로 여기게 하시옵소서. 하나님의 일을 하려는 소원으로 저를 뜨겁게 하사 예수님을 믿음에 주목하게 하시옵소서. 믿음의 삶을 살아가도록 지켜 주고, 격려가 되어 주는 교회를 첫째로 삼게 하시옵소서. 교회에 모여 예배하는 시간을 첫째로 여기게 하시옵소서.

저를 집으로 삼아 주셨으니, 하나님께서 계시는 집이 되기 위하여 거룩함으로 자신을 지어가게 하시옵소서. 주님 안에서 교회의 성도들과 서로 연결되어 성전이 되어 가기를 원합니다. 주님과의 교제를 경험하고, 교회를 중심으로 거룩함에 이르게 하시옵소서.

예수님의 이름으로 기도드립니다. 아멘 ♡

23일
하나님의 나라에서 멀지 않도록 하자
막 12:33-34

하나님 아버지,
전에, 저는 죄인일 뿐이었습니다. 예수님을 구주로 영접하게 하시고, 주님께서 저를 대신하여 십자가에 달려 죽으셨음을 믿게 하시며, 하나님의 자녀가 되는 권세를 주셨으니 감사합니다.
이에, 저에게 오늘을 지내면서 자녀로서 하나님을 사랑하여 하나님의 나라에서 멀어지지 않기를 소원하게 하시옵소서. 하나님의 편이 되어서 천국 백성의 한 날로 지내게 하시옵소서.
마음을 다하고, 목숨을 다하고, 뜻을 다하고, 힘을 다하여 하나님을 사랑하게 하시옵소서. 하나님께 대한 첫째 계명에 주목하는 삶이 저에게 마땅한 자세라 믿습니다. 하나님을 사랑해드리는 일, 그것은 제가 하나님께 해드리는 그 어떤 일들보다도 제일인 줄로 믿습니다.
오늘, 예배를 원하시는 하나님 앞에서 계명을 지키는 것이 하나님께 영광을 드림이라고 깨닫습니다. 하나님을 사랑하여 계명을 지킴으로써 이 시간에도 하나님께 예배자로 서게 하시옵소서. 계명을 지킴에 성실하게 하시옵소서. 하나님을 사랑함의 증거로 삼기를 원합니다.
그렇지만 저는 그 계명을 지킴에 다하지 못합니다. 사실, 하나님의 계명들이 저의 부족함과 죄악 됨을 드러내는 것을 깨닫습니다. 예배하는 시간에, 계명을 지키려는 마음에 부족했음과 그것을 다 지키지 못했다는 상한 심령의 고백을 드리게 하시옵소서. 이로써 계명을 지키기에 부족한 저의 연약함을 고백하고, 회복하는 시간을 누리게 하시옵소서.

공예배의 시간에, 하나님께로 나아갔을 때, 하나님께 영광을 드린다는 거창함보다는 저 자신이 하나님께서 요구하신 첫 계명을 지키지 못한 죄인이라는 사실을 인정하게 하시옵소서.

제가 죄인이라는 것을 먼저 인정한다면 다른 이들의 부족함이 제 눈에 들어오지도 않을 것입니다. 하나님께 긍휼을 구하느라 눈이 눈물에 젖게 하시옵소서.

하나님을 두려워함으로 예배의 시간을 맞이하게 하시옵소서. 계명을 지킴에서 부족했던 것이 하나님을 사랑함이 그 정도였다는 증거가 되고 있음을 부끄럽게 여기게 하시옵소서. 제가 만일, 하나님을 사랑하되 저의 목숨을 다하도록 사랑해드렸다면 계명을 지키기에 모자라지 않았을 것입니다. 용서해 주시옵소서.

오늘은 계명을 지킴을 통해서 저 자신을 돌아보게 하시옵소서. 주님의 나라에 들어가기 위해서 새로워져야 한다는 것을 깨닫게 하시옵소서. 하나님을 바로 알고, 하나님을 사랑하고자 하는 심령으로 저의 가슴을 채워 주시옵소서.

언제까지나 어린아이처럼 머무르지 않고, 장성한 사람의 분량에 이르기를 원하게 하시옵소서. "장성한 사람이 되어서는 어린 아이의 일을 버렸노라."는 자리에 이르기를 원합니다. 하나님 앞에서 유치하지 않고, 온전한 모습으로 세워져 책임 있는 성도로 지내게 하시옵소서.

예수님의 이름으로 기도드립니다. 아멘 ♡

24일
하나님과 주님의 일을 위하여 자기를 거절하자
막 10:29

하나님 아버지,

자신의 죄악으로 말미암아 영생을 보지 못하고, 하나님의 진노가 머리 위에 머물러 있던 저를 불러주신 하나님이십니다. 예수님을 믿게 하시고 영생이 있다고 선언해 주시니 감사합니다.

이제, 저에게 자신을 십자가에 버려주신 주님, 주님을 따르려는 결단을 하게 하시옵소서. 주님께 제자로 부름을 받은 이들은 모든 것을 버리고 주를 좇았다고 했는데, 과연 저는 무엇을 버렸는지요?

주님께서 '나를 따르라' 하실 때, 그들은 배와 그물과 부친을 버려두고 주를 따랐던 것처럼 저도 제 손에 들고 있던 것들을 버림의 은혜를 경험하게 하시옵소서.

제자가 되고자 주님을 따를 때, 그들의 버림은 세상에서의 행복과 쾌락을 포기한 것이라 여깁니다. 그런데 저는 주님께 간구한 저의 기도가 세상에서의 행복을 구하고 있었다는 것을 보았습니다. 용서해 주시옵소서. 이제라도 주님을 따르기 위한 전제 조건이 되는 '자기 버림'을 경험하게 하시옵소서.

주님께서는 어떻게 하셨는지요? 주님께서 보여주신 버림을 저의 것으로 삼게 하시옵소서. "오히려 자기를 비워 종의 형체를 가지사"라고 하신 주님의 자기 버리심을 저도 따르게 하시옵소서. 버리지 않고서는 결코 하나님의 일이 성취될 수 없음을 깨닫습니다.

오늘, 저에게 '버리라'는 말씀이 복음으로 들려지게 하시옵소서. 주님과 복음 때문에 버림의 은혜를 경험하기를 원합니다. 자신에 대한 버림이 예수님을 주로 받았다는 증거일 것입니다.

"집이나 형제나 자매나 어미나 아비나" 버리게 하시옵소서. 버림을 아까와 한다거나 버림에 머뭇거리지 않게 하시옵소서. 아니, 버리지 않고 주님을 갖고자 하는 어리석음을 계속하지 않게 하시옵소서.

예수님을 믿고 나서 자신의 꿈이 성취 될 수 있겠지요? 예수님을 믿고 부자가 되었을 수도 있겠지요? 예수님을 믿고서 자기가 원하는 대로 이루어짐을 경험하기도 하겠지요? 그렇지만 그런 것들에 진리를 빼앗기지 않게 하시옵소서. 주님께 부르심을 받은 사람은 누구든지 자기를 버리라는 요청을 받고 있다는 것에 동의하게 하시옵소서.

하나님의 삶으로 살아드리기 위해, '이미 버린 자'가 되게 하시옵소서. 제자들은 자기들이 버린 것이 '배와 그물과 부친'이라고 하였습니다. 저에게도 버린 것의 목록을 갖게 하시옵소서.

버렸다고 하면서도 뒤로 감추어둔 것은 없는지요? 만일, 버려야 하는데, 버리지 못한 것들이 있는지 돌아보게 하시옵소서. 하나님과 주님의 일을 위하여 버림의 은혜를 경험하게 하시옵소서.

오늘을 지내면서 종일, "너희 몸으로 하나님께 영광을 돌리라."는 말씀을 묵상하게 하시옵소서. 자신을 생각할 때, 하나님께서 긍휼을 베풀어 주셨음을 기억하며, 감사와 영광을 돌리기를 원합니다. 받은 계명에 순종하여 진리에 행하는 자로 살아드리게 하시옵소서.

예수님의 이름으로 기도드립니다. ♡

25일
하나님께 대하여 부요하자
눅 12:20-21

하나님 아버지,

저의 지난날에는 예수님은 관심도 없었고 어떻게 살아갈 것인가에 집중하는 삶이었습니다. 오직 저를 사랑했으며, 저의 생각과 마음을 믿고 지냈었습니다. 저 자신이 믿음의 대상이었습니다.

그렇게 지내던 저에게 하나님의 말씀이 들어오고, 예수님을 주님이라 믿게 하시며, "영생을 얻었고 심판에 이르지 아니하나니 사망에서 생명으로 옮겼느니라."는 확신을 갖게 하시니 감사합니다.

제가 생명으로 옮겨진 그때, 하나님께서 제 영혼의 주인이시라는 것을 깨닫게 하셨습니다. 어떤 부자가 자신에게 재물만 많으면 행복할 것으로 생각하고 있었는데 그가 바로 저였습니다. 부자가 들어야 했던 말씀, "그러면 네 예비한 것이 뉘 것이 되겠느냐?"에 주목하게 하시옵소서.

그의 생명은 그가 소유하고 있는 재물의 넉넉함과는 아무 상관이 없다는 것을 깨닫습니다. 그에게 그의 영혼을 그날 밤에 데려가실 것이라 하셨음을 제 가슴으로 기억하게 하시옵소서.

만일, 하나님께서 부르시면 세상을 떠나지 않을 수 없음을 인정하게 하시옵소서. 하나님께 저의 생명이 있습니다. 제가 무엇을 가질 것인가에 쏟았던 시간은 참으로 어리석은음이었다고 깨닫습니다.

지금도 하나님을 섬기지 않는 자들은 자신의 행복을 소유의 넉넉함에 두고 있습니다. 이제, 저의 행복은 세상의 것에 있지 않고, 하나님께 있는 줄로 믿습니다.

하나님께 부요한 자가 되게 하시옵소서. 하나님의 나라에서 저의 부요를 찾게 하시옵소서. 하나님께 대한 참된 지식과 믿음과 감사와 사랑과 순종에서 부요하게 하시옵소서.

하나님을 경외하며 살아가는 시간으로 복을 느끼게 하시옵소서. 재물은 하나님께의 부요와 아무런 관련이 없는 줄로 깨닫습니다. 제물은 비교될 수가 없습니다.

하나님께서 저에게 영생의 복을 주셨으니, 이 복을 귀하게 여기고, 놓치지 않도록 주의하게 하시옵소서. 세상이 줄 수 있는 그 모든 것을 다해도 비교될 수 없는 영생을 주셨으니 간직하고 살아가게 하시옵소서. 돈으로 가질 수 없고, 저의 목숨으로도 가질 수 없는 영생, 하나님의 나라로 옮겨질 때까지 간직하게 하시옵소서.

만일, 저의 목숨이 끝나는 시간에, 하나님이 없이 모은 물질적 부요는 저에게 아무 것도 아닐 것입니다. 유일하신 참 하나님을 아는 것이 영생이라고 하셨습니다. 세상에서 지내는 시간에, 하나님께 부요하기를 소망하게 하시옵소서. 하나님의 일에 욕심을 갖게 하시옵소서.

저에게 하나의 의무가 있음을 깨달았으니 저의 몸으로 하나님께 영광을 돌림입니다. "먹든지 마시든지 무엇을 하든지 다 하나님의 영광을 위하여 하라."는 말씀을 삶의 첫째 원리로 삼게 하시옵소서. 범사에 하나님께 영광을 위하여 수고하는 삶을 기쁘게 받게 하시옵소서.

예수님의 이름으로 기도드립니다. ♡

26일
구하라 - 기도를 들어주시다
요 14:13-14

하나님 아버지,

저를 위해 주시는 하나님의 뜻이 저에게 영생을 얻게 하심인 것을 깨닫습니다. 이미 주님을 믿어 영생을 얻었고, 마지막 날에 살려주실 것을 믿게 하시니 감사합니다.

영생을 잃지 않기 위해서 기도하게 하시고, 부활 생명의 약속을 기다리기 위하여 기도하게 하시옵소서.

저를 주님과 연합하게 하시고, 주님의 영이 제 안에 계시며, 주님의 말씀이 제 안에 있어, 그 축복으로 하나님의 응답을 약속해 주셨다고 믿습니다. "내 이름으로 무엇이든지 내게 구하면 내가 시행하리라."고 약속하사 기도로 살아가게 해주셨으니 감사합니다.

저의 기도가 하나님께 영광을 드림이 된다 하니, 기도로 살기를 소원합니다. 이 땅에서의 평생을 기도로 살게 하시옵소서. 무엇이든지 구하되 주님의 이름으로 기도하라 하심에 감사합니다.

이 땅에서 지내는 동안에 저에게 필요한 것이 얼마나 많은지요? 그리고 제가 구하고 싶은 것들은 또 얼마나 많은지요? 감사합니다.

제가 구하고 싶은 것들이 많으나 먼저 구해야 될 것을 여쭙게 하시옵소서. 하나님의 나라와 하나님의 의를 구하게 하시옵소서. 하나님께 자녀로서 마땅히 아버지의 뜻을 구하게 하시옵소서. 하나님께만 영광이 되는 기도를 드리게 하시옵소서. 있다가 사라질 땅의 것 대신에 영원한 하나님의 나라를 구하게 하시옵소서.

저의 간구로 하나님의 나라가 이 땅에서 넓혀지기를 원합니다. 저의 간구를 사용하사 하나님의 뜻이 이루어지기를 원합니다. 땅 끝까지 복음이 전파되어, 하나님께서 구원하시기로 작정 된 영혼들이 주님께로 돌아오기를 원합니다. 저의 기도로 이 땅의 공중권세를 잡은 자의 역사는 물러가고, 하나님의 하나님 되심이 선포되게 하시옵소서.

"내가 시행하리라." 주님의 이 말씀이 저의 가슴을 뜨겁게 합니다. 제가 간구해야 할 것들이 많아서, 그리고 하나님께서 영광을 받으셔야 될 것들이 많아서 저에게 무릎을 꿇게 하시는 줄로 믿습니다. 구하라고 주시는 간구를 다 아뢰게 하시옵소서. 무릎에서 쥐가 날지라도 아뢸 것을 다 빈 후에, 일어서기를 원합니다.

저를 하나님의 동역자로 삼아 주셔서 기도하게 하시옵소서. 성령님의 임재로 저의 가슴을 흔들어 주셔서 기도하게 하시옵소서. 저의 짧은 한 마디의 기도로 하나님의 일을 이 땅에서 이루어 주시옵소서. 비록 더듬거리는 말이지만 저의 간구에 하나님께서 손을 움직여 주시옵소서. 그리하여 기도의 응답을 통해서 하나님께 영광이 돌려질 것을 바라게 하시옵소서.

주님과 한 몸이므로 이 몸으로 죄를 짓지 않게 하시옵소서. 저의 몸을 더러움에 내어 주지 않도록 음행을 피하기를 원합니다. 하나님의 성전인 몸을 어찌 육체의 즐거움을 위하여 팔 수 있습니까? 하나님을 영화롭게 해드리는 몸으로 간직하게 하시옵소서.

예수님의 이름으로 기도드립니다. 아멘 ♡

27일
목회자를 영접하자
마 10:41

하나님 아버지,

예수님을 구주로 믿게 하시며, 주님을 신뢰하게 하시니 기적입니다. 이 시간에, 주님으로 말미암아 들어가며 나오며 꼴을 얻으리라는 약속을 확신합니다.

저에게 진리를 가르쳐 주시느라 수고하시며 생명의 삶을 살아가게 하시는 목회자를 존경하게 하시옵소서. "가르침을 받는 자는 말씀을 가르치는 자와 모든 좋은 것을 함께" 하기를 원하셔서 이 말씀을 주신 줄로 믿습니다.

하나님께서 저를 사랑하사 목회자를 만나게 하셨고, 그에게서 하나님의 말씀을 받고, 하나님의 뜻을 배우도록 하셨습니다. 하나님의 종을 통해서 하나님께로 나아가도록 하셨으니 목회자를 대접하는 삶을 좋아하게 하시옵소서.

사랑하는 목사님은 교회와 성도들을 위하여 교회에 파송되었다고 깨닫습니다. 오늘, 저에게 목사님을 하나님께서 보내어주신 자로 받아들이고, 섬기는 마음을 갖게 하시옵소서. 그에 의해서 하나님을 바라보게 하시고, 그의 입술로 대언해지는 말씀에서 하나님의 음성을 듣게 하시옵소서.

제가 목회자를 존경하고 신뢰하는 것이 하나님께서 받으심이 된다는 것을 가르쳐 주셨습니다. 하나님의 종들이 그들의 수고에 따라 대접을 받는다면 그것은 곧 하나님께서 받는 것으로 여기신다고 하신 말씀을 가슴에 새겨둡니다. 지금까지는 몰라서 목회자에게 소홀했다면 오늘 이후로 목회자를 섬겨 하나님께로 나아가기를 원합니다. 우리 교회의 목사님을 사랑하며 지내게 하시옵소서.

하나님, 제가 어떻게 하여, 어떤 방법으로 목회자를 영접해야 할까요? 저도 갈라디아 교회의 성도처럼 목회자를 "하나님의 천사와 같이 또는 그리스도 예수와 같이" 영접하게 하시옵소서. 교회에서 하시려는 일에 대하여 적극적으로 후원해 드리게 하시옵소서. 이로써 목사님께 제일의 후원자가 되게 하시옵소서.

"너희를 인도하는 자들에게 순종하고 복종하라."고 하신 말씀을 지켜 목회자를 따르게 하시옵소서. 하나님께서 저를 인도해 주시려고 하나님의 종을 세워주신 줄로 믿습니다.

목사님께서 복음과 교회를 위해서 수고하는 것을 존경해드리고, 저를 사랑해 주심에 대하여 감사할 줄 알게 하시옵소서. 우리 교회의 목회자는 저에게 축복이라는 것을 깨닫게 하시니 참으로 감사합니다.

하나님께서 주신 말씀을 지켜 목회자를 영접하기를 원합니다. 이로써 하나님을 기쁘시게 해 드리며, 또한 언약해 주신 복을 받을 수 있도록 하시옵소서.

저의 한 날은 주님을 기다림이 되게 하시옵소서. 주님께서 동행해 주시고, 저의 생각이나 말에 간섭해 주시기를 기다리게 하시옵소서. "주 예수 그리스도의 날에 책망할 것이 없는 자로" 세워지기를 원합니다. 믿음을 견고하게 해 주시는 주님을 바라게 하시옵소서.

예수님의 이름으로 기도드립니다. 아멘 ♡

28일
상을 잃지 않도록 하자
막 9:41

하나님 아버지,
나의 의지가 아니라 성령님께서 저의 마음에 오셔서 회개하게 하시고, 죄 사함을 받게 하시니 저의 마음에 평안이 찾아오고, 하나님의 은혜를 소망하게 하시니 감사합니다.
저에게 교회 공동체에 속하게 하시고, 주님의 교회를 누리게 하셨으니 교회를 이루는 모든 이들을 존귀하게 대하게 하시옵소서. 교회 안에서 제가 주의해야 될 것은 섬김이라고 깨닫습니다. "너희를 따르지 않는 자라 하여 무시하지 말라."고 하셨습니다.
주님께서 이 땅에서 계시는 동안에 어떤 사람도 무시하시지 않으셨다면 그 삶을 저의 것으로 갖게 하시옵소서. 저도 주님의 마음과 생각으로 이웃을 대하게 하시옵소서. 사랑으로 이웃을 만나게 하시옵소서. 사람에 대한 생각, 그것은 사랑과 존경이기를 원합니다. 그들과 한 마음, 한 뜻으로 주님께 지체가 되어 교회를 이루어가게 하시옵소서. 혹시라도 아이라 해서 소홀히 대한다거나 노인이라 하여 진실함이 없는 인사로 머리를 숙이지 않게 하시옵소서. 누구를 대하게 될지라도 하나님께서 저를 대해 주시는 것처럼 그들을 대하게 하시옵소서.
사람들과의 관계에서 하나님께 상을 잃지 않도록 하라는 말씀에 주목하게 하시옵소서. 교회 안에서 성도의 교제를 사랑과 존귀함으로 대하여 그들에게서 하나님을 보도록 하시옵소서.
하나님께서 저를 사랑하시듯 그들을 사랑하기를 원합니다. 제가 하나님께 존귀하듯이 그들을 존귀한 자로 대접하게 하시옵소서.
이제, 저에게는 교회 공동체에서 제가 관심을 기울여 할 것이 있는데 하나님께의 영광이라 여깁니다. 사람에게 대할 때, '그리스도의 이름'으로 손을 내어밀기를 원합니다.
저의 태도가 "그리스도에게 속한 자라 하여 물 한 그릇이라도 주는" 행실이 되게 하시옵소서. 혹시라도 저의 실수로 "작은 자들 중에 하나라도 실족하지 않도록 함에" 민감하게 하시옵소서.
오늘을 지내면서 제가 무엇을 해야겠다는 생각 못지않게 저 때문에 혹시라도 지체 한 사람이 실족하게 되는 경우가 되어서는 안 된다는 것에 유의하게 하시옵소서. 저의 생각은 멀리하고, 성령님께 민감하여 지내게 하시옵소서.
성령님께 저를 내어드립니다. 하나님께 영광을 드리려는 생각이 앞서 자신을 내세우지 않게 하시며, 이웃에 대하여 심판자가 되지 않게 하시옵소서.
자칫하면 무시하기 쉬운 아이들에 대해서도 그들을 존중하고, 하나님께 영광이 되도록 행동하게 하시옵소서. 무엇보다도 사람을 실족하지 않도록 지혜를 주시옵소서.
"너희는 성령을 따라 행하라."는 말씀에 순종, 성령님을 모셔드리게 하시옵소서. 성령님께 이끌리어, 성령님의 도우심으로 실천하는 삶을 원합니다. 자신을 성령님께 맡겨서 지낼 때, 거룩하게 되어 "육체의 욕심을 이루지 아니하리라."가 이루어질 줄로 믿습니다.
예수님의 이름으로 기도드립니다. 아멘 ♡

29일
하나님의 갚아주심을 예비하자
눅 14:13

하나님 아버지,

눈을 뜨게 하여 어둠에서 빛으로, 사탄의 권세에서 하나님께로 돌아오게 하신 하나님이십니다. 거룩하게 된 무리 가운데서 기업을 얻게 하리라 약속하신 말씀을 기억하며 지냄에 감사합니다. 그 은혜에 배은망덕하지 않고, 하나님 앞에서 살아드리게 하시옵소서.

오늘, 저에게 인간관계에 대하여 천국의 원리를 설정해 주셨으니 깨닫고 그대로 실천하게 하시옵소서. 이제껏 살아오면서 제가 경험하였던 원리는 '주고-받음'이었는데, 주님의 말씀은 갚을 것이 없는 사람에게 주라는 것이셨습니다. 그가 저에게 갚을 것이 없으므로 하나님께서 갚아주신다는 약속을 가슴에 새겨두게 하시옵소서.

'give and take'에 익숙해왔고, 그렇게 사는 것이 똑똑한 인간관계라는 습관으로 지내온 저에게 받을 것을 기대하지 말고 주라는 것은 도전입니다. 사실, 주님께서 저에게 베풀어 주신 사랑에 저는 갚을 게 하나도 없습니다.

무엇으로 제가 주님께 드려서 십자가의 은혜를 갚겠습니까? 돌려받음을 기대하지 말고, 누군가에게 대접을 하려거든 갚을 것이 없는 자에게 하라는 말씀을 받게 하시옵소서.

세상에서 살아가는 동안에, 이웃에 대하여 거저 주는 생활, 이것으로 천국 백성의 습관을 배우게 하시옵소서. 천국의 인간관계는 은혜라는 것을 알게 하셨습니다. 돌려받지 않음이 은혜라는 것을 깨닫습니다. 은혜를 받은 자로서 은혜를 끼치는 삶에 기꺼이 동참하게 하시옵소서.

주님의 뜻에 따라, 누구를 식사 자리에 초대할 때 "가난한 자들과 불구자들같이 되갚지 못할 자들을" 청하게 하시옵소서. 그것이 저에게 복이 되는 행동인 줄로 믿습니다. 사람에게서 대가를 바라지 말고 거저 주는 삶을 익히게 하시옵소서.

"소유를 팔아 구제하여 낡아지지 아니하는 주머니를 만드는" 삶을 달게 받아들이게 하시옵소서. 이 땅에서 생명의 시간을 주신 동안에 선을 베풀고 구제하는 삶에 힘을 쓰기를 원합니다.

이렇게 함으로써 제가 하나님의 백성이라는 것을 스스로에게 확인하게 하시옵소서. 그리고 여호와께 꾸어드리는 삶이 되도록 하시옵소서. 제가 하나님의 갚아주심을 기대할 때, 저의 심령은 내세를 바라보게 될 것이라 여깁니다.

오늘, 저에게 가장 소중하게 여기는 것, 제가 생각으로 집중하는 것이 하나님이 아니라면 당장 거절하게 하시옵소서. 유일하신 하나님 외에 다른 것을 제일로 인정하는 행위를 거절하게 하시옵소서. 만일, 제가 하나님을 섬긴다 하면서 다른 것에 주목하지 않게 하시옵소서.

하나님의 은혜는 저에게 내세를 가진 자의 삶을 살아가도록 인도해 주심이라 믿습니다. 할 수만 있는 대로 주는 삶이 되게 하시옵소서. 오늘 한 날의 삶이 하나님의 갚아주심을 예비함이 되게 하시옵소서.

예수님의 이름으로 기도드립니다. 아멘 ♡

30일
좁은 문으로 들어가자
마 7:13-14

하나님 아버지,

지난 시간을 제 모습이야말로 모세의 율법으로 의롭다 하심을 얻지 못하던 처지였습니다. 그러나 지금은 예수님을 구주로 믿어, 의롭다 하심을 얻게 하셨으니 감사합니다.

구원과 영생의 길은 그 문이 좁고 그 길이 좁으나, 멸망의 길은 그 문이 넓고 그 길이 넓다는 것을 깨닫게 해 주셨습니다. 제 주변에도 함께 하는 그렇게 많은 사람들, 저를 구원해 주신 예수님을 전해도 반응이 없습니다.

주님을 믿지 않는 것은 그렇다 치고, 참으로 많은 이들이 엉뚱한 주장을 하고, 이상한 논리에 심취되어 있는 것은 어찌 할까요? 멸망으로 인도하는 문과 그 길이 넓은 것은 구원의 진리 외의 모든 사상들과 논리들이 여기에 속하기 때문이겠지요.

이방 종교와 철학들, 그리고 기독교의 이름을 가진 모든 이단 종파들, 로마 가톨릭에서 여호와의 증인, 몰몬교, 안식교, 통일교, 천부교 까지 등 각종 사이비 종파에 매료당하여 복음에 귀를 기울이려 하지를 않습니다.

하나님께서 저를 사랑하셔서 예수님만이 구원의 문이요, 구원의 길이심을 믿게 해주셨습니다. 영생의 문은 좁고, 그 길도 좁다는 것을 확인합니다. 주님만이 구원의 문이요 그 길이라는 것을 잊지 않도록 하시옵소서. "내가 곧 길이요 진리요 생명이니 나로 말미암지 않고는 아버지께로 올 자가 없다"고 하신 주님의 말씀을 놓치지 않게 하시옵소서.

주님께서 생명의 문이 되시고, 주님을 믿음이 영생에 이르는 길이라는 믿음을 확실히 하도록 성령님께서 강권해 주시기를 빕니다. 저에게 만에 한 번이라도 예수님 외에도 구원이 있다는 생각을 하지 않도록 막아 주시옵소서. 오직 예수님만이십니다.

예수님의 유일성은 하나님의 영원하신 아들이신 주님께서 사람이 되어 이 땅에 오신 것과 그가 택한 죄인들을 위하여 십자가에서 속죄의 피를 흘리셨음을 믿고, 예수님이 구원의 길이시라는 것을 확신하게 해 주시옵소서.

주님을 따르는 것은 좁은 문을 들어서는 것일 뿐만 아니라, 또한 좁은 길을 걷는 것임을 새롭게 합니다. '문'을 신앙고백이라 말할 수 있다면 '길'은 삶의 과정이겠지요? 예수님 당시에도 주님의 제자들이 있었고, 많은 무리가 있었습니다. 지금까지 저는 어떠하였습니까? 무리에 들었던 한 사람이었다면 이제는 제자가 되게 하시옵소서.

주님께 제자가 되어 주님의 삶을 저의 행실로 바꾸게 하시옵소서. 자신을 부정하는 데서 저에게 생명의 삶이 시작되는 줄로 믿습니다. 저는 거절하고 주님으로 살게 하시옵소서.

아브라함에게 약속해 주셨던 믿음으로 의롭다 하심을 얻는 복을 저에게도 주셨음을 믿습니다. 믿음을 굳게 가져 아브라함과 함께 복을 받기를 원합니다. 그 복은 의롭다 해주시는 것임을 깨닫습니다. 이 복을 간직하여 의롭게 해 주신 은총을 지키게 하시옵소서.

예수님의 이름으로 기도드립니다. 아멘 ♡

31일
자신의 명철을 의지하기를 거절하라
사 5:21

하나님 아버지,
저의 인생은 제 것이지 누가 저의 인생을 지배한다는 생각은 못했던, 그만큼 교만하게 지냈었는데, 예수 그리스도의 것으로 부르심을 받았다는 감격과 영혼의 평안함을 누리게 하시니 감사합니다.
교회에 첫 출석을 하고, 오늘 벌써 한 달의 시간을 지내고 있습니다. 교회 공동체를 경험하게 하시고, 교회에서 만난 이들을 지체로 받고, 교회를 통하여 서로 주 안에서 한 지체가 되어 하나 되게 하셨음을 찬양합니다.
마음으로 하나님의 사랑을 품어 지체에게 다가가게 하시며, 짧은 시간이지만, 그들을 위하여 두 손을 모으게 하시니 감사합니다. 함께 주님의 오심을 기다리며 지내게 하시옵소서.
저를 여호와께 존귀한 성도라 여겨주신 하나님이십니다. 이제, 저에게 여호와 앞에서 존귀한 자로 서기 위하여 자신을 거룩하게 하려고 기도하게 하시옵소서.
그 간구함에서 오늘, 살아가는 동안에, 하나님 앞에서 우리 스스로 지혜롭다고 생각하지 말도록 인도해 주심을 빕니다. 그의 생각이나 말에서 하나님을 신뢰하는 증거가 나타나게 하시옵소서. 하나님이 없는 자처럼 굴지 않게 하시옵소서.

하나님보다 자신을 더 지혜롭다고 생각하는 것처럼 미련하고 교만한 것은 없다는 사실을 잊지 말게 하시옵소서. 혹시라도 하나님이 없이 스스로 할 수 있다고 여기는 교만을 부리지 않게 하시옵소서.

자녀가 겸손하게 부모를 따르듯이, 저에게 자신의 생각의 머리를 굴리지 말게 하시옵소서. 하나님께 겸손해야 함을 마음에 새기게 하시옵소서.

하나님은 저보다 지혜로우시다고 믿습니다. 그러기에 때로는 제가 생각하지도 못했던 것을 경험하게 하시는 경우도 있음을 받아들이게 하시옵소서. 저에게는 전혀 다른 상황으로 인도하실 때가 있으심을 고백합니다.

자기의 소견에 좋은 대로 따르다가 망한 사람들의 이야기를 읽게 하셨으니, 하나님의 생각은 저의 생각과 다르다는 것을 인정하고, 하나님을 따르게 하시옵소서. 하나님은 저에게 하나님이십니다.

스스로 지혜롭다, 명철하다고 여기면서 하나님을 거절하지 않게 하시옵소서. 그것이 제 인생을 망하게 하는 길임을 기억합니다. 사탄은 저를 저주하려고 하나님께 복종하지 않도록 참소할 것입니다.

성령님께서 저를 다스려 하나님을 따르게 하시옵소서. 이로써 오늘도, 하나님께서 저에게 좋으신 아버지가 되셔서 인도해 주시기를 빕니다.

이 시간에, 주님의 이름으로 평안과 복을 빌 때, 하늘의 문을 여시고 응답해 주시옵소서. 흔들어 누르고, 차고 넘치도록 풍성하게 하시는 하나님의 자비하심을 바라봅니다. 오직 하늘에 마음을 두고 사는 복된 한 날이 되게 하시옵소서.

예수님의 이름으로 기도드립니다. 아멘. ♡

32일
모든 일에서 하나님을 인정하라
시 119:128

하나님 아버지,

그 누가 저를 위하여 한 시간의 고통도 대신해주지 않는데, 그리스도 예수 안에 있는 속량으로 말미암아 하나님의 은혜로 값없이 의롭다 하심을 얻은 자가 되게 하셨음을 감사합니다. 예수님의 피를 뿌리신 은혜를 깨달아 하나님을 아버지로 부르기 시작하게 하셨음을 생각할 때, 감격스럽기를 원합니다.

오늘, 한 날을 지내는 시간에, 성령님의 감동으로 말미암아 흔들리지 않고, 믿음에서 믿음에 더하기를 즐거워하게 하시옵소서. 주님의 사랑을 확인한 뒤로, 옛사람의 행실을 버리고, 아침마다 새롭게 예수님의 십자가를 바라보면서 살아가기를 원합니다. 저를 하나님께 속한 백성으로 지내게 하신 줄로 믿습니다.

오늘을 위해서 저에게 예비 되어 있는 은혜를 누리게 하시옵소서. 사랑하는 지체가 하나님을 믿는 사람은 그 믿음의 증거로 무엇을 하든지, 어디로 가든지 하나님을 항상 인정해 드리는 행실로 지내게 하시옵소서.

오늘, 저로 말미암아 계획되어 있는 하나님의 구원역사가 이루어지기를 빕니다. 이 한 날을 지내는 시간이 하나님께로부터 복이 되게 하시옵소서.

"주의 인자하신 대로 주의 종에게 행하사 주의 율례로 내게 가르치소서." 이 간구가 종일 저의 것이기를 원합니다. 하나님의 말씀을 깨닫고 배우게 하시옵소서. 하나님의 말씀에 대한 바른 지식은 행위의 열매를 맺게 할 줄로 믿습니다. 성령님께서 인도해 주시옵소서.

오늘의 삶이 하나님을 하나님으로 인정해 드림에서 저에게는 저 자신과 가정에 대한 구원의 통로로 사용되는 비전에 도전을 받게 하시옵소서. 제가 지내는 삶의 자리, 일터 그리고 저의 가정에 축복의 통로가 된 사명을 감당하도록 은총을 내려 주시옵소서. 저로 인하여 하늘의 복이 내려지게 하시옵소서.

저를 하나님의 백성으로 삼아주시고, 이 땅에서 하나님의 나라를 이루어 가시려는 하나님의 의도를 기쁨으로 받아 순종하게 하시옵소서. 늘 하나님을 사랑하고, 범사에 여호와를 인정하는 사람이 되어서 하나님의 인도하심을 받는 저의 삶의 자리로 만들어 주시옵소서. 하늘의 은총으로 오늘을 지내기를 원합니다.

자녀는 언제든지 부모의 보호와 간섭을 구하며, 때로는 부모와 의논하면서 자신의 행동을 결정하기도 하듯이 저에게도 하나님의 보호와 간섭하심을 소망하게 하시옵소서. 그 심정으로 기도를 통해서 하나님과 상의할 때, 좋은 길로 인도하심을 기다리게 하시옵소서.

세상은 정신적으로, 종교적으로, 도덕적으로 어둡다는 것을 깨닫게 하셨습니다. 어둠의 세상에서 구원의 빛이 저의 심령에도 비취인 것처럼, 이 빛을 사람 앞에 비치게 하게 하시옵소서. 세상이 저의 "착한 행실을 보고 하늘에 계신 아버지께 영광을 돌리게" 하도록 살겠습니다. 예수님의 이름으로 기도드립니다. 아멘. ♡

33일
주를 찾기에 갈급하라
시 42:1

하나님 아버지,

본래 구원 밖에 있던 제가 아니었습니까? 주님의 보혈로 말미암아 믿음으로 서 있는 이 은혜에 들어감을 얻게 해주시고, 하나님의 영광을 바라고 즐거워하게 하시니 감사합니다.

아담과 하와의 범죄로 말미암아 이 세상에는 고난과 슬픔이 떠나지 않음을 생각합니다. 이런 세상에 살다보니 수많은 고통을 맛볼 수밖에 없습니다. 그럼에도 저에게 구원의 길을 열어 주셨으니, 하나님의 자녀가 되게 하셨음을 기억합니다.

목이 마른 사슴은 혀를 축이기 위해서 한 입의 물을 그리워하며 시냇물을 찾기에 갈급해 합니다. 천국 백성이 된 저에게 여호와의 은혜로 살아가기 위해서 하나님을 찾기에 갈급해하는 마음을 주시옵소서. 여호와께서 내 편이 되어 주심을 기다리게 하시옵소서.

오늘, 종일을 지내면서 하나님을 바라게 하시옵소서. 새벽에 교회에 가기를 기다려 기도모임에서 눈물을 흘리게 하셨듯이 종일 하나님을 기다려 눈물을 흘리기를 원합니다.

하나님의 얼굴의 도우심을 인하여 하나님께 찬송을 드리게 하시옵소서. 돌에 맞아 죽어가던 자리에서 주님을 뵈었던 스데반이 힘을 얻었듯이, 저 또한 하나님으로 힘을 얻게 하시옵소서.

혹시, 오늘 어떤 경우를 본다 하여도, 어떤 상황에 몰린다 해도 하나님이 계시면 됩니다. 하나님의 얼굴을 보면 힘과 위로를 얻을 것입니다. 저의 슬픔과 낙심은 기쁨과 찬송으로 변할 것이겠지요. 하나님은 저에게 찬미가 되어 주실 줄로 믿습니다.

전에는 알지 못하였던 거룩한 절기, 곧 하나님 앞에서 구별해주신 날과 시간을 지키게 하셨으니 그 은혜가 얼마나 감격스러운지요? 주님을 몰랐다면 죽는 날까지 남남으로 살아갈 수밖에 없었던 사람들을 지체라 받아들이게 하시고 그들과 어울려 성일을 지켰고, 그들과 함께 기쁜 찬송을 드리게 하셨습니다.

제가 이렇게 교회를 사랑하고, 지체들을 사랑함이 하나님의 사랑인 것을 깨닫습니다. 이 은혜가 주님께서 십자가에서 쏟아주신 보혈인 것을 깨닫습니다. 우리 주님께서 저희를 사랑하시되 끝까지 사랑해 주셨던 것처럼 저도 그렇게 교회와 지체를 대하게 하시옵소서.

이제, 한 마디를 덧붙여 간구한다면, 오늘도 예비하신 하늘의 복으로 저 자신과 저의 가정을 둘러 주시옵소서. 성도의 교제를 나누면서 예배하게 하셨으니 저의 가정의 식구들도 아브라함의 제단에 내려진 복을 받게 하시옵소서.

진리로 인도하는 이들과 "모든 좋은 것을 함께 하려는" 마음을 주신 하나님이십니다. 이 땅에서 살아가는데 있어야 되는 것들을 목회자들과 함께 함에 아까워하지 않기를 원합니다. 신령한 것을 뿌리는 그들의 수고에 저에게 주어진 것들을 나누어 보답하게 하시옵소서.

예수님의 이름으로 기도드립니다. 아멘. ♡

34일
하나님의 얼굴을 그리워하라
시 62:5

하나님 아버지,

예수님을 믿지 않고 지낼 때는 죄를 죄로 여기지 않고, 저 자신의 기분에 따라 살아왔는데, 이제는 하나님 앞에서 죄를 깨닫고, 죄를 거절하게 까지 하시니 감사합니다. 아침이 새롭게 시작되듯이, 저에게 하나님을 향하는 사랑이 새로워지게 하시옵소서.

하나님의 이름을 아버지로 부를 때, 성령님의 충만하심으로 말미암아 하나님의 가족으로 세워지게 하시옵소서. 이 한 날을 시작하면서 오늘도 하나님의 얼굴을 그리워하게 하시옵소서. 그 얼굴이 저에게 위로와 소망이 되십니다. 하늘로부터 내려오는 은혜에 소망을 갖는 아침의 시간을 주셔서 종일을 지내게 하시옵소서.

하나님을 기다리는 심정으로 지내게 하시옵소서. 그리고 만일, 지금 고난의 시간을 보내야만 하는 지체에게는 함께 하나님을 바라자고 권면하게 하시옵소서.

제가 하나님을 바라보므로 저에게 믿음의 삶을 산다는 것을 스스로 확인하기를 원합니다. 과연 제가 하나님의 사람입니까? 하나님을 바라볼 때, 요동하지 않을 것입니다.

결국에는 하나님께서 하실 것을 믿습니다. "악인은 쫓아오는 자가 없어도 도망하나 의인은 사자같이 담대하니라."고 하신 말씀을 실재를

제 안에서 보게 되리라 믿습니다.

사람은 자신이 바라는 것에 마음을 두게 되어 있음을 기억합니다. 자녀는 많은 사람들이 있는 자리에서도 자기의 부모를 쳐다보듯이, 저에게 하나님을 쳐다보며, 하나님의 간섭하심을 기다리는 은혜를 경험하게 하시옵소서.

오늘, 아버지가 되어 주시는 하나님을 바라는 복된 날로 이끌어 주시기를 빕니다. 이로써 오늘은 지내는 동안에 저 자신이 하나님의 자녀가 되었다는 증거를 확인하게 하시옵소서.

저게게는 하나님 뿐이신 줄로 믿습니다. 하나님 앞에서 저와 저의 집안에 속해있는 지체들이 믿음의 가정을 이루어 나가도록 해 주시옵소서. 옥토의 심령을 지니고, 반석 같은 믿음의 처소를 이루어 가게 하시옵소서.

날마다 하늘의 신령한 은혜와 이 땅에서의 기름진 것으로 배불리는 삶을 살게 하시옵소서. 이에, 여호와의 은혜를 구하는 목마름으로 하나님께 매달리도록 하시옵소서.

하나님께서는 사모하는 영혼을 만족케 하시는 증거가 그의 것이 되게 하시옵소서. 그리하여 하나님의 은혜로 심령이 풍성해지고, 죄악의 유혹을 넉넉하게 물리치게 하시옵소서.

이 땅에서 지내는 동안에, "성령을 위하여 심는 자는 성령으로부터 영생을 거두리라."는 약속을 받게 하시옵소서. 이제, 저는 영생을 얻은 자로서 육체를 위해 심는 자가 아니고, 성령으로 사는 자가 되었으니 성령님께서 강권해 주시는 대로 순종하게 하시옵소서.

예수님의 이름으로 기도드립니다. 아멘.♡

35일
낙심과 불안을 버리라
시 121:1-2

하나님 아버지,

지옥의 구덩이에 던져져야 할 저를 주님의 피로 말미암아 의롭다 하심을 받게 해 주셨습니다. 하나님의 진노하심에서 구원을 받을 것을 생각하니 감사합니다.

오늘, 하늘의 문을 여시고, 저에게 복을 내려 주시는 하나님께 엎드리게 하시옵소서. 종일이라도 엎드리게 하시옵소서. 하나님을 구함이 저에게 복인 줄로 믿습니다.

예수님을 믿고 시작한 삶의 날들이 아직도 손가락으로 세어집니다. 이렇게 미숙한 저이지만 죄의 결과로 말미암은 고통의 삶을 오직 인내로서 이겨야 할 것에 대한 깨달음과 은혜를 내려 주심을 빕니다.

하나님의 뜻을 말씀으로 주셨으니 순종하여 지내게 하시옵소서. 우리의 시민권은 하늘에 있음을 기억하고, 하나님을 기다리게 하시옵소서. 하나님의 자녀로 살아가는 법을 익히게 하시옵소서.

그리하여 저에게도 다윗의 고백처럼 "나의 도움이 천지를 지으신 여호와에게서 로다."라고 말할 수 있게 하시옵소서. 누가 하나님을 향해서 눈을 들 수 있습니까? 성령님께서 저를 강권하셔서 눈을 둘게 하시옵소서. 하나님께서 계신는 곳, 어디든지 바라보게 하시옵소서. 제가 하나님을 뵈어야만 나의 도움에 대하여 간증하겠지요.

하나님께서는 제가 바른 길을 벗어나게 하지 않으시고, 마귀의 올무에 걸려 범죄하지 않도록 지켜 주실 줄로 믿습니다. 저의 하나님은 전능하시다고 배웠습니다. 항상 깨어 계셔서 저를 지켜 주시옵소서. 하나님께서 저를 지켜주시면 혹독한 더위도, 혹독한 추위도 해치지 못할 것을 믿습니다. 저를 불쌍히 여겨 주시옵소서.

염려와 실패의 홍해를 건너게 하시며, 좋은 것으로 기쁨이 되게 하시는 일들로 말미암아 만나와 메추라기의 기적을 보게 하시옵소서. 때마다, 일마다 나를 도우시는 하나님께 찬양을 드리는 귀한 가정이 되게 하시옵소서.

하나님의 영으로 부요케 하셔서 기도의 인내함으로 하루, 하루의 삶을 살아가도록 이끌어 주시옵소서. 죄의 형벌로 말미암아 하나님의 심판 아래 놓여 진 이 땅에서의 삶은 낙심하게 하고, 불안하게 한다는 것을 직시하게 하시옵소서.

그러나 우리에게 소망이 있음은 하나님을 바라봄입니다. 사람이 자기 자신을 바라보면 하나님을 보지 못함으로 인하여 실망할 수밖에 없음을 기억하게 하시옵소서. 사실, 저희들은 사회적으로 소외되고, 무능하며, 실패한 자신을 생각하면 낙심하게 됩니다.

자신을 보기를 거절하고, 여호와께서 도우시는 것을 기대하게 하시옵소서. 종일의 시간에, 저의 영혼과 육체를 지켜 주시옵소서.

"의의 소망을 기다리는" 자로 오늘을 시작합니다. 예수님께서는 십자가 위에서 죽으시고 삼일 만에 다시 사심으로 저에게 의가 되셨음을 확신합니다. 죄는 죽음과 지옥 형벌을 주지만, 의의 소망으로 영생과 천국을 취하게 되기를 원합니다. 믿음을 좇게 하시옵소서.

예수님의 이름으로 기도드립니다. 아멘. ♡

36일
회복시켜 주시는 하나님
느 9:27

하나님 아버지,

죄 없으신 주님께서 죄인을 위하여 피 흘려 죽으시는 제물이 되어 제가 구원에 이르렀음을 믿습니다. 주님께서 십자가에 달려 죽으시어 의롭다 하심을 받아 생명에 이르게 하셨으니 감사합니다.

영생을 주시는 은총으로 저에게 평생의 소원을 품게 하시옵소서. 오늘, 한 가지의 소원으로 하나님을 사랑하고, 기도에 쉬지 않으며 예배하는 삶을 살아가기를 소원하게 하시옵소서.

아침마다 하나님의 은혜를 구하게 하시고, 하루를 지내면서 구한대로 응답을 받아 복되게 살아가게 하시옵소서. 오늘은 하나님의 날이며, 하나님의 시간으로 받게 하시옵소서.

"환난을 당하여 주께 부르짖을 때에 주께서 하늘에서 들으시고"는 유대 백성만을 향한 하나님의 인자가 아니라고 믿습니다. 오늘, 저에게도 하나님은 제가 부르짖을 때, 그리고 주의 크신 긍휼로 대적의 손에서 구원하셨음이 저에게도 똑같기를 원합니다. 유대인들의 회복을 오늘, 하나님의 회복에 대한 보장으로 삼게 하시옵소서.

하나님은 저의 행위에 따라 벌을 내리시지만 하나님께로 돌아가면 다시 회복시켜 주심을 믿습니다. 하나님의 긍휼하심으로 인생을 불쌍히 여겨 주시고, 혹시 자신의 죄로 말미암아 고통을 당할지라도 회개할 때, 건져 주시는 하나님이심을 깨닫습니다. 저의 회개보다 하나님의 긍휼로 회복시켜 주심을 믿고 소망을 갖게 하시옵소서.

제가 앞으로 살아가는 동안에, 하나님은 우리가 환난을 당할 때에 피할 도피성이 되어 주심을 기도하게 하시옵소서. 저는 저의 실수나 잘못으로 곤경에 빠지기도 하지만 하나님께서는 저의 어려움을 보시고, 부르짖는 소리도 들으셔서 구원의 손길을 내밀어 주실 줄로 믿습니다. 구원하시는 하나님의 자비하심을 찬송하기를 원합니다.

하나님께서는 사랑하시는 자녀들을 은밀한 곳에 숨겨서 곤경의 바람으로부터 안전하게 지켜 주심을 경험하게 하시옵소서. 혹시라도, 지금 당장, 어려움을 겪고 있다면 오직 감사와 간구하는 중에, 하나님의 도우시는 손길을 기다리게 하시옵소서.

하나님의 손길을 구하기 전에, 회개를 가까이 하게 하시옵소서. 하나님께 무릎을 꿇되 회개하기 위해서 꿇는 무릎을 가까이 하게 하시옵소서. 어떤 형편에서라도 솔직하고, 성실하게 회개하기를 원합니다.

회개를 통해서 하나님을 경외하게 하시옵소서. 그때, 새로운 은혜를 주셔서 저를 회복시켜 주실 것이니 하나님께의 소망을 잃지 않게 하시옵소서.

하나님의 말씀에 복종하며 지내오기를 즐거워했듯이 오늘도 하나님께 복종하게 하시옵소서. "두렵고 떨림으로 구원을 이루기" 위해 복종으로 지내기를 원합니다. 하나님께 대한 두려움을 복종으로 나타내게 하시며, 하나님의 사람이라는 것을 증거 하게 하시옵소서.

예수님의 이름으로 기도드립니다. 아멘.♡

37일
기도의 응답을 기다림
행 16:25-26

하나님 아버지,

전에는 저의 몸을 부정과 불법에 내주어 불의했었지요. 주님으로 말미암아 새 생명에 이르렀으니 이 몸은 주님의 몸, 의에게 종으로 내주어 거룩함에 이르게 하시니 감사합니다. 하나님의 은혜 안에서 주님의 십자가를 바라보고, 믿음으로 살게 하셨습니다.

교회에 처음으로 나와 등록하고, 예배를 드린 지 40여일에 가까워 오고 있습니다. 하나님께서 구속의 은혜로 자라가게 하시고, ○○교회의 한 지체가 된 그날부터 성령님께서 함께 하사 오늘까지 은혜에 넘치게 하심을 즐거워합니다. 하늘 하나님께 찬양을 드리면서 구원의 은총을 즐기게 하시옵소서.

이 시간에도 저의 간구는 구원의 은혜에 감사하면서 주님의 장성함에 이르는 것입니다. 날마다 은혜의 보좌 앞으로 나아가게 하시옵소서. 하나님께 자녀로 산다는 것은 기도를 통해서 하나님과의 교제를 이어가는 것이라 깨닫습니다. 그리고 하나님께서는 자녀를 사랑하여 부르짖음에 응답하사 아버지를 풍성하게 누림이라 생각합니다.

오늘, 하나님께서 저에게 주신 선물 두 가지인 기도와 찬송을 묵상합니다. "여호와께서는 자기에게 간구하는 모든 자 곧 진실하게 간구하는 모든 자에게 가까이" 하신다고 하셨습니다.

제가 기도할 때, "하나님의 평강이 그리스도 예수 안에서" 마음과 생각을 지켜주시는 은혜를 경험하게 하시옵소서. 하나님께서 저에게 베풀어 주신 은혜에 대한 인간의 응답이 바로 기도와 찬송임을 알게 하시옵소서.

기도와 찬송을 통하여 자기에게 필요한 것을 하늘의 아버지께 요청하는 은혜를 누리게 하시옵소서. 기도와 찬미의 향을 하나님의 보좌에까지 올려드려 하나님께서 손길을 내미시는 은총을 경험하게 하시옵소서. 하나님께로 나아가는 것은 기도와 찬미이며, 하나님께서 우리에게로 오시는 통로라 깨닫습니다.

바울이 복음을 전하다가 억울하게 옥에 갇혔을 때, 옥에서 실라와 함께 기도하고 찬송을 올려 드렸습니다. 옥에 갇히게 되니 그가 할 수 있는 것은 기도하는 것이요, 찬송을 부를 뿐이었다고 깨닫습니다. 이 은혜가 저의 것이 되게 하시옵소서.

때때로 하나님께서는 우리에게 기도의 시간을 갖게 하심을 믿습니다. 저에게 기도와 찬송으로 하나님께 나아가도록 하셨음에 감사합니다. 매일, 매일의 삶이 기도와 찬송이게 하시고, 저에게 아무 것도 할 수 없는 환경을 만드시고 찬송하게 하심도 믿습니다. 제가 종일 지내면서 기도와 찬송으로 살아가는 은혜의 주인공이 되게 하시옵소서.

하나님께 대하여 "흠이 없고 순전하여" 살아가는 한 날로 삼게 하시옵소서. "어그러지고 거스르는 세대"에서 구원해 주셨으니 책망할 것이 없는 삶을 살기를 원합니다. 하나님의 거룩하심으로 지내는 순전한 사람, 그 행실로 말미암아 세상에서 빛으로 나타내게 하시옵소서. 예수님의 이름으로 기도드립니다. 아멘. ♡

38일
기도와 찬송의 응답
시 66:20

하나님 아버지,

죄로부터 해방되고 하나님께 종이 되게 해 주셨음을 믿습니다. 이제는 거룩함에 이르는 열매를 맺는 것을 소원으로 삼게 하시고, 언약해 주신 영생을 사모하게 하시니 감사합니다.

저에게 하나님의 손을 움직일 수 있는 열쇠를 주셨다고 믿습니다. "내가 내 입으로 그에게 부르짖으며 내 혀로 높이 찬송하였도다."라고 한 다윗처럼 저도 기도와 찬송으로 하나님과 교제하며 지내게 하시옵소서.

오늘을 지내는 시간에 부르짖음과 찬송으로 하나님께로 향하게 하시옵소서. 하나님 앞에서 살아간다고 할 때, 저의 삶의 내용은 기도와 찬송으로 지냄이기를 원합니다.

제가 무엇을 하겠습니까? 제가 어떻게 해야 하나님께 영광이 되겠습니까? 하나님 앞에서 살고자 하는 거룩함을 부르짖는 간구와 하나님을 구하는 찬양으로 표현하게 하시옵소서.

아울러 시시로 감사로 고백하며 하나님을 찾게 하시기를 원합니다. 저에게 교회 공동체를 섬기게 하시며, 주 안에서 서로 사랑하는 한 가족이 되어 하늘의 영광에 주목하는 기쁨에 감격합니다.

세상에서 지내는 동안에, 우리는 넘어지거나 자빠질 수 있음에도 하나님의 붙들어 주심을 믿으며 소망을 갖습니다. 세상의 삶이 때로는 어렵고 고달프더라도 제가 기도와 찬송으로 하나님을 찾는 동안에는 결코 낙심하지 않게 하실 줄로 믿습니다.

바울과 실라의 기도와 찬송에 옥 터에 지진이 나고, 그들을 매었던 것이 풀려졌던 것과 같은 기적의 역사를, 저에게도 은혜를 내려 주시옵소서.

기도와 찬송으로 하나님의 영광을 보게 하시옵소서. 이로써 하나님께서 저를 받아주심에 대한 확신을 갖게 하시며, 하나님께 동역자로 지내게 하시옵소서. 아버지가 대신해서 해 줄 때, 어떤 자녀든지 그는 자신보다 큰일을 할 수 있음을 믿습니다.

하나님의 일이 이루어짐을 가지고 기도하는 시간을 즐거워하게 하시옵소서. 찬송으로 하나님의 이름을 높여드림을 기뻐하게 하시옵소서. 하나님께서 저를 대신하셔서 일을 해주신다는 것에 소망을 두게 하시옵소서. 하나님께서는 우리의 삶에 들어오셔서 일을 해 주시기를 기다리며 기도하게 하시옵소서.

하나님의 사랑을 받고 있음을 확신하는 중에, 기도하게 하시며, 찬송을 부르게 하시니 참으로 감사드립니다. 어떤 어려움이 저에게 닥쳐와도 기도하는 혀를 막지 못하고, 찬송하는 입술을 닫지 못함을 믿습니다. 저희들에게 늘 기도와 찬송으로 살아가고자 결단하게 하시옵소서. 오늘도, 기도할 때, "오직 믿음으로 구하고 조금도 의심하지 말라."는 말씀을 기억하게 하시옵소서. 제가 구하는 모든 것에 하나님께서 응답해 주심을 의심하지 않기를 원합니다. 저의 구함이 하나님의 마음에 합한 것이라 확신하고, 하나님의 자비를 기다리게 하시옵소서.

예수님의 이름으로 기도드립니다. 아멘. ♡

39일
하나님의 손을 움직이는 열쇠
고전 14:15

하나님 아버지,

제가 누구였습니까? 주님께서 저를 죄인이라 심판하셔도 진노를 피할 수 없었는데, 그리스도 예수 안에 있도록 하시고, 결코 정죄함이 없게 해주셨음을 감사합니다. 하나님의 사랑을 받고 있음에 감격하여 기도하게 하시며, 찬송으로 영광을 드리게 하시옵소서. 예수님을 구주로 영접한 그 날부터, 기도 안에서 살아가게 하심을 기뻐합니다.

이제는 찬송의 곡조도 틀리지 않고, 찬양의 영광을 누리게 하심에 감사드립니다. 이 땅에서 지내는 동안에, "영으로 기도하고 또 마음으로 기도하며 내가 영으로 찬미하고 또 마음으로 찬미하리라."고 했던 바울과 같은 삶을 살아가게 하시옵소서.

오늘, 하나님께서 저의 짧고 서투른 간구를 사용하셔서 하늘의 뜻이 이 땅에서 성취되기를 원합니다. 곡조와 리듬이 조금은 틀려도 저의 찬송을 받으시고, 하나님의 영광을 이 땅에서 선포될 줄로 믿습니다. 자기 백성의 기도에 귀를 기울여 주시는 하나님이심을 믿습니다. 자기 백성의 찬송을 받으시고, 응답해주시는 하나님이심을 믿습니다.

저에게는 하나님의 손을 움직이는 부르짖음의 열쇠, 심령으로 노래를 드리는 열쇠가 있다는 것을 묵상하게 하시옵소서. 저에게 기도와 찬송이 삶의 은혜가 되게 하시기를 빕니다.

만일, 어떤 어려움이 저에게 닥쳐와도 기도하는 혀를 막지 못하고, 찬송하는 입술을 닫지 못함을 믿습니다. 환난의 시간이 바로 기도할 때이며, 찬송으로 하나님께로 나아갈 시간이라고 깨달았습니다. 이에, 평안할 때는 감사의 기도와 찬송으로, 고난이 닥쳐올 때는 부르짖음의 기도와 찬송으로 살아가고자 결단하게 하시옵소서.

하나님께서 저의 간구에 응답해 주시려고 기도하기를 기다리신다고 깨달았습니다. 하나님께서는 제가 불러드리는 노래를 흠향하시려고 찬송을 부르게 하신다고 깨닫습니다. 저의 입술은 하나님을 영화롭게 해드리는 도구로 사용되게 하시옵소서.

기도와 찬송의 성도는 삶의 실패를 경험할 때, 쓰러지지 않음을 믿습니다. 혹시 사업에 실패하고, 직장에서 곤고한 일을 당할지라도 낙심하지 않음을 믿습니다. 나아가 망막함과 따분함을 경험하게 되어도 소망을 갖게 됨도 믿습니다.

오늘을 살아가는 동안에, 제가 기도할 수 있다는 것과 찬송을 할 수 있다는 사실은 저 자신을 위한 하나님의 복임을 새기게 하시옵소서. 하나님께 거룩한 날로 살아드리고, 기도와 찬송으로 채워지게 하시옵소서.

기도와 찬송으로 살아가기를 원하니 "주께 합당하게 행하여"에 방점을 두고 지내게 하시옵소서. 제가 하나님의 자녀가 된 것은 하나님께 합당하게 살아가도록 하심이라 믿습니다.

이에, 하나님의 뜻을 바로 알기에 힘을 다하게 하시옵소서. "하나님을 아는 것에 자라게" 해주시기를 날마다 간구하게 하시옵소서.

예수님의 이름으로 기도드립니다. 아멘. ♡

40일
세상의 일들을 거절함
시 17:3-5

하나님 아버지,
죄와 사망의 법에 갇혀 있던 인생, 예수님을 주님으로 모셔드린 후에, 그리스도 예수 안에 있는 생명의 성령의 법이 해방시켜 주셨으니 감사합니다.
이 시간에, 저의 마음이 하나님의 마음을 향해서 불 일듯 하게 일어나게 하시옵소서. 성령님의 감동하심에 따라 소망을 마음에 품은지 오래 되게 하시고, 늘 기도하게 하셨음에 찬양을 드립니다.
저를 구원과 축복의 통로로 삼으셔서 가족에게 복음을 전해 주시고, 하나님의 주권을 선포하시니 영광을 드리게 하시옵소서. 저의 가족이 함께 여호와의 이름을 찬양하면서 살아가게 하시옵소서.
오늘, 다윗에게 주셨던 경건함의 은혜를 저의 것으로 삼게 하시옵소서. 그가 하나님의 말씀에 순종하여 살았던 은혜를 누리게 하시옵소서. 그가 강포한 자의 길에 행하지 않았던 삶을 저의 것으로 삼기를 원합니다.
다윗은 하나님의 은혜로 그의 걸음은 하나님의 길, 곧 하나님께서 가르치신 생활 방식을 굳게 지키고 실족하지 않았음을 배웠습니다. 저도 그러하게 하시옵소서.
제가 하나님의 자녀로 살아감에는 믿음과 사상만 중요한 것이 아니고 또한 행위와 삶도 중요하다는 것을 깨닫습니다. 성도의 행위의 표준은 하나님의 입에서 나온 말씀인 줄로 믿습니다. 강포한 자의 길을 버리고, 선한 마음을 갖고, 사랑하며 살라는 하나님께 순종하며 지내게 하시옵소서. 저희 가정에서도 오늘의 삶에서 성소를 이루는 삶이 되게 하시옵소서.

하나님의 자녀에게는 한 가지의 소원이 있어야 하는데, 여호와께 온전한 모습으로 자라가는 것임을 믿습니다. 이를 위해서 하나님은 교회에 일꾼으로 세우셔서 하나님의 자녀들을 온전케 하시기를 원하셨습니다. 성령님께 충만하여 거룩함을 이루어 나가게 하시옵소서.

저에게 교회에서 지도를 잘 받아 성숙의 은혜를 누리게 하시옵소서. "만일 말에 실수가 없는 자면 곧 완전한 사람이라 능히 온 몸도 굴레를 씌우리라."라고 하심과 같이 기도하면서 입술로 범죄 하지 않은 것을 자랑하도록 이끌어 주시옵소서.

예수님을 믿기 전에는 달콤하게 여겼던 더러운 것들로부터 자신을 지키고자 기도하도록 도와주심을 빕니다. 오직 성령님의 충만하심으로 흠이 없는 모습으로 자라기를 소원하게 하시옵소서.

죄에게 종이 되었던 저를 죄에게서 해방되어 자유인이 되게 하신 주님을 바라봅니다. 저의 자유함이 하나님께는 종이 되는 자유라는 것을 깨닫게 하시옵소서.

그러나 하나님께 종이 되는 것은 무거운 짐이 아님을 믿습니다. 종 된 사명을 다하여 열매를 맺어드리게 하시옵소서. 제가 이날을 지내면서 하나님께 드려야 될 열매를 맺게 하시옵소서.

예수님의 이름으로 기도드립니다. 아멘. ♡

41일
자기를 낮추자
마 18:3-4

하나님 아버지,
지난날의 저의 삶은 썩어짐의 종노릇을 했을 뿐이었습니다. 벗어날 수 없었던 삶에서 해방되어 하나님의 자녀들의 영광의 자유에 이르도록 해 주셨으니 감사합니다.
오늘, 저는 주님께로부터 '돌이켜' 라는 말씀을 듣고 싶습니다. 저에게 회개의 영을 부어주셔서 자신을 돌아보게 하시옵소서. 주님 앞에서 회개하는 것은 제가 사는 길임을 배웠습니다. 회개의 영을 받아 스스로 책망하여 돌아서게 하시옵소서.
저에게 제가 하나님 앞에서 얼마나 교만한 지를 보여 주시옵소서. 주님께서 사람이 어린 아이와 같이 겸비한 심령이 되지 않으면 결단코 천국에 들어가지 못할 것이라고 하신 말씀을 늘 마음에 두게 하시옵소서.
주님께서는 늘 천국에 대하여 말씀을 하셨는데, 제자들은 세상의 나라에 관심을 갖고 있어서, 메시야 왕국이 눈앞에 다가온 줄로 착각을 했고, 이제 그 나라에서 과연 자기들 중에 누가 큰 자가 될 것이냐에 대하여 신경을 곤두세웠습니다. 지금, 제가 그렇지는 않은지요?
예수님을 사랑하는 것이 저를 위한 것인지요? 예수님을 따르는 저의 삶이 주님께서 말씀하시는 하나님의 나라를 보려 하지 않고, 이 땅에서의 삶을 보고 있습니까? 주님께는 멀어져 있으면서 주님을 따른다고 하는 것은 아닌지요? 저의 욕망을 가지면서 주님을 따르고 있는 것은 아닌지 돌아보게 하시옵소서.

천국은 이 세상과 다르다는 것을 다시 한 번 확인하도록 은혜를 내려 주시옵소서. 이 세상에서는 사람들이 자기를 높이는 운동을 하지만, 천국에서는 정반대라는 것을 분명히 알게 하시옵소서.

제가 찾아야 할 나라는 이 땅에 있지 않고, 바로 천국이라는 것을 깨닫기를 원합니다. 천국을 구하게 하시고, 천국 시민의 삶을 따르게 하시옵소서.

이 땅에서 자기를 낮추는 그 사람이 천국에서 큰 자가 된다는 것을 깨닫습니다. 천국의 원리는 섬김의 원리라는 사실을 배우게 하셨습니다. 이 땅에서는 낮은 자가 높은 자를 섬기지만, 천국에서는 정반대인 줄로 믿습니다. 낮은 자를 섬기게 하시옵소서.

천국의 주인이신 주님께서 친히 낮아지셔서 우리 죄인을 위해 죽어 주셨습니다. 주님께서는 저희를 섬겨 주셨습니다. 천국의 제자 된 자로서 주님의 겸손을 본받게 하시옵소서. 주님의 이름으로 성도를 많이 섬긴 자가 그 나라에서 큰 자로 인정받을 것입니다. 그 은혜의 주인공이 되게 하시옵소서.

하나님은 저에게 "빛 가운데서 성도의 기업의 부분을 얻기에 합당하게 하신 아버지"이심을 믿습니다. 성도의 기업, 곧 천국 백성으로 삼아주셨으니 아버지 하나님 앞에서 감사함이 먼저가 되게 하시옵소서. 하나님은 감사이십니다. 구원받았음에 늘 감사로 응답하게 하시옵소서.

예수님의 이름으로 기도드립니다. 아멘 ♡

42일
주님의 형제와 자매로 지내자
마 12:49-50

하나님 아버지,
저의 구원을 예정해 주시고, 하나님의 자녀로 받아 주신 하나님께 감사합니다. 주님의 보혈로 죄를 씻김 받아 의롭다 하시고, 영화롭게 하셨으니 하늘에 속한 자로 지내게 하시옵소서.
저를 천국 백성으로 받아주시고 하나님의 교회에 속하게 하셨으니 교회 공동체에서 하나님의 나라를 살아가게 하시옵소서. 오늘, 하나님께서 저에게 교회를 중심으로 지내기를 원하신다는 것을 깨닫습니다. 저에게 신령한 공동체에 속해서 하늘에 속한 가족으로 살아가도록 하시는 하나님의 뜻을 받들기를 원합니다. 육신적인 혈육으로서의 가족이 아닌, 영적인 관계에서 가족의 경험을 갖게 하시려는 하나님의 의도를 깨닫게 하시니 감사합니다.
이제, 저에게 신령한 관계에서 맺어진 가족 공동체를 사모하게 하시옵소서. 교회에서 지체를 이루고 있는 모든 이들과 함께 거룩한 가족을 경험하게 하시옵소서. 하나님께서 저를 사랑하시는 그 사랑으로 이들을 사랑하게 하시고, 주님께서 저를 섬겨주신 섬김으로 교회의 권속을 섬기게 하시옵소서.
주님께서는 육신적 가족 관계를 무시하거나 부정하지 않으시고, 그것을 초월하는 보다 중요한 영적 가족 관계가 있음을 보여 주셨습니다.

저희들은 이제, 성경에 계시된 하나님의 뜻대로 예수님을 믿고 서로 사랑하는 자들은 하나님의 가족, 주님의 가족이라 믿습니다.

주님께서 저를 받아주시며 저에게 오래 참으시는 그 마음으로 지체를 대하여 교회에서 천국의 모형을 경험하게 하시옵소서. 육신적인 관계로 미룬다면 이들은 다 저에게 형제와 자매이며, 아저씨와 아주머니로 불릴 분들이십니다.

제가 할아버지로 불러드리고 섬겨야 할 분들도 계십니다. 그리고 저에게 동생으로 여겨주어야 할 지체도 있습니다. 이들과 함께 거룩한 가족 공동체를 살게 하시옵소서.

교회에서 경험이 되는 저의 가정은 주님의 피로 맺어진 가족, 여호와께 존귀한 지체로 섬기게 하시옵소서. 주님께서 흘려주셨던 십자가의 보혈로 형제를 맺게 하셨으니 저희들의 중심에는 언제나 주님의 십자가가 있게 하시옵소서. 보혈을 흘려주신 십자가를 떠나서는 저희가 아무런 관계도 없는 줄로 믿습니다.

저희들의 삶은 앞으로 제가 천국에서 누리게 될 영원한 가정의 모형이라 생각합니다. 교회 안에서 누리는 거룩한 가족의 삶에서 육신적 가족 관계보다 더 귀한 영적 가족 관계로 나아가게 하시옵소서.

교회 안에서 공동체를 향해 사랑으로 섬기는 마음을 주시옵소서. 믿음이 약한 지체에게는 용납하게 하시며, 또한 다른 형제들에게 부딪힐 것이나 거칠 것을 두지 않도록 하시옵소서.

우리가 서로 사랑하므로 상대방에게 시험과 장애가 되는 행동을 하지 않게 하시옵소서.

예수님의 이름으로 기도드립니다. 아멘 ♡

43일
자기의 생명을 미워하자
요 12:24-25

하나님 아버지,

제가 지난날, 마귀에게 종이 되었던 것은 죄 때문이었음을 깨달았습니다. 하나님의 영광에 이르지 못하였는데, 주님께서 화목제물이 되어 주셔서 하나님을 아버지라 부르게 하시니 감사합니다.

예수님의 죽으심으로 말미암은 구원사역을 생각합니다. 주님은 많은 사람의 구원을 위해 죽어 제물이 되셔야 하셨다고 믿습니다. 만일, 주님께서 죽지 않으셨다면 인류의 구속-죄인의 구원은 이루어질 수 없었겠지요.

주님께서는 하나님의 뜻을 이루어 드리려고 한 알의 밀과 같이 죽어 주셨습니다. 이로써 많은 죄인들에게 구원을 받게 하셨고, 저도 거기에 들어 있음을 믿습니다.

주님께서 자신의 죽음을 암시하시면서 그를 믿고 따르는 우리가 그를 본받아 죽음을 각오해야 할 것을 말씀해 주시니 감사합니다. "누구든지 제 목숨을 구원코자 하면 잃을 것이요 누구든지 나를 위하여 제 목숨을 잃으면 찾으리라."고 하신 주님의 말씀을 심령에 새깁니다.

주님은 자기 생명을 사랑하는 자는 잃어버릴 것이라고 말씀하셨습니다. 예, 맞아요. 자기를 위하려는 자에게는 생명의 길이 없다는 것을 깨닫습니다. 이 땅에서의 생명을 잃어야 영원에 이르게 됨을 깨닫습니다. 예수님을 믿고, 그분을 따른다는 것은 세상에 대하여서는 자기 죽음이라고 배웁니다. 그 길에는 세상으로부터 고난과 핍박이 있고, 죽음의 위협이 있는데 피해서는 안 된다는 것을 깨닫습니다. 그 길에서는 순교의 피도 흘리게 된다는 것을 각오하게 하시옵소서.

예수님을 저 자신의 생명보다 귀히 여기는 은혜를 갖게 하시옵소서. 제가 비록 연약하지만 하나님과 예수님을 자신의 생명보다 귀히 여길 수 있고 하나님의 진리와 주님의 복음을 위해 죽기까지도 할 각오를 갖게 하시옵소서. 만일, 제가 하나님과 주 예수님을 부인하고 그를 믿고 따르기를 포기한다면 영생을 잃어버릴 것이라 깨닫습니다.

사람이 자기 생명을 미워하면 영생하도록 보존하리라고 약속해 주신 주님의 말씀을 기억하게 하시옵소서. 사람이 자기 생명을 미워할 수 있다는 말은 하나님과 주 예수 그리스도의 절대적 가치를 깨달았다는 뜻인 줄로 믿습니다. 그것이 자신의 인간적 조건과 환경적 조건을 초월하는 믿음에로 이름이라고 여깁니다.

저에게 그와 같은 믿음에로 이끌어 주시옵소서. 끝까지 참고 견디면 반드시 영생에 이를 것입니다. 자신의 목숨을 버릴 각오를 하고 하나님과 예수님을 믿고 따름으로써 영생을 취하게 하시옵소서.

오늘, 제가 칭의의 은혜 안에 서 있도록 하신 하나님이십니다. 주님을 믿는 순간에, 구원에 이르게 하시고, 죄 씻음과 의롭다 하심을 얻게 해주셨으니 감사합니다. 이 은혜 안에 흔들리지 않고 굳게 서 있으며, 결코 이 은혜에 떠나지 않도록 붙들어 주시옵소서.

예수님의 이름으로 기도드립니다. 아멘 ♡

44일
미움의 대상이 되는 것을 두려워말자
요 15:18-19

하나님 아버지,
저의 신분을 하나님의 상속자요 그리스도와 함께 한 상속자가 되게 해 주시고, 주님과 함께 영광을 받기 위해 고난도 함께 받기를 다짐하게 하시니 감사합니다.

주님께서 세상에서 고난을 당하셨는데, 세상은 저에게도 고난을 줄 것이라는 것에 대하여 두려워 않게 하시옵소서. 예수님은 제자들을 향해서 '너희는 세상에서 미움을 받을 것' 이라고 하셨습니다. 크리스천은 세상에 속한 자가 아니요, 주님께 택함을 받은 자들이기 때문이라는 말씀을 듣습니다.

우리 주님을 미워하고 핍박했던 그들은 예수님께 속한 자들을 미워하고 핍박할 것입니다. 세상이 우리를 미워한다 해서 두려워하거나 화를 내지 않고, 자신이 크리스천임을 확인하게 하시옵소서.

세상이 무엇인가요? 세상은 하나님께서 지으신 것인 줄로 믿습니다. 그 세상에 죄가 들어와서 타락하여 하나님의 영광에서 떠났습니다. 이제 세상은 죄와 어둠의 대명사가 되었는데, 빛이신 주님께서 오신 것이라 믿습니다. 주님께서는 세상을 정죄하셨습니다.

이 세상에 속한 자들은 다 세상의 영향을 받고 있는데, 우리는 세상을 반대하고, 따르지 않으니 세상이 우리를 미워한다고 깨닫습니다.

세상을 거절하니 세상으로부터 고난을 받는 것이라고 생각합니다. 세상이 우리를 미워해도 두려워하지 않기를 원합니다. 반대로 성령님의 충만하심으로 담대하게 하시고, 세상을 향해서 이기게 하시옵소서.

세상이 우리를 미워하는 것은 예수님 때문이라는 것을 깨닫습니다. 예수님 때문에 욕을 먹고, 박해를 당함에 대하여 주님께서 말씀해 주셨지요? "기뻐하고 즐거워하라 하늘에서 너희의 상이 큼이라." 제가 예수님을 믿기 때문에, 주님께서 받으신 미움과 핍박에 참여할 것이라 생각합니다. 그렇지만 세상을 도리어 불쌍히 여기게 하시옵소서.

주님께서는 저에게 담담하기를 원하셨다고 믿습니다. "사람들이 내 이름을 인하여 이 모든 일을 너희에게 하리니…"라고 말씀하셨습니다. 예수님의 이름, 세상이 가장 미워하는 이름이 있는데 바로 예수님이라고 하는 이름입니다. 세상은 이 이름을 믿고 이 이름을 따르는 크리스천을 미워한다고 깨달았습니다.

그러나 세상이 저를 미워한다 하여 세상을 대적하지 않기를 원합니다. 주님의 마음으로 세상을 품게 하시옵소서. 세상의 사람들을 불쌍히 여기고, 그들을 사랑하게 하시옵소서. 생명의 주님이신 예수님을 전하여 구원을 받도록 돕게 하시옵소서. 세상을 사랑으로 이기게 하시옵소서.

구원의 은총을 받았음에 대한 확신을 하면서 한 날을 지내게 하시옵소서. 구원에의 확신이 없어 흔들리지 않으며 옛 사람의 길로 돌아가지 않기를 원합니다. 예수님을 믿음으로 죄 씻음을 받았고, 의롭다 하심을 얻었고, 하나님의 자녀가 되었고, 영생을 얻었음을 확신하게 하시옵소서.

예수님의 이름으로 기도드립니다. 아멘 ♡

45일
환난을 당하지만 담대하자
요 16:33

하나님 아버지,

복음을 처음 받은 날, 마음으로 믿어 의에 이르게 하시고, 성령님께서 제 마음에 들어오셔서 입으로 시인하여 구원에 이르게 해 주셨으니 감사합니다. 세상에서 사는 동안에 여러 가지 종류의 환난과 어려운 일들을 만나게 될 것을 알게 하셨으니 견디게 하시옵소서.

주님께서 세상을 이기셨다고 선언해 주셨습니다. 주님께서는 죽기까지 순종하심으로써 사탄의 권세를 이겨 하나님의 뜻을 이루셨습니다. 세상을 이기신 주님께서 오늘, 저에게 "내가 세상을 이기었노라."고 말씀해 주셨다고 믿습니다. 그 이기심이 저의 것이 될 줄로 믿습니다. 제가 환난을 겪을 때, 성령님께서 함께 해주실 줄로 믿습니다. 이로써 그 역경을 이겨내게 되리라 확신합니다. 세상을 이기신 주님의 능력으로 저 또한 이기게 하시리라 믿습니다. 주님 당시에, 제자들은 유대인들에게서 미움과 핍박, 심지어 죽임을 당하였지만 성령 안에서, 그리고 하나님께 기도하여 응답을 받아 평안을 얻게 하셨습니다. 그 은총을 저의 것으로 삼게 하시옵소서.

세상에서 주는 고난에 대하여 주님과의 올바른 관계를 갖게 하시옵소서. 예수님을 믿기 때문에 고난을 당하지 않게 하신다고 생각하지 말게 하시옵소서. 주님께서 세상에 오신 것은 죄인 되었던 저를 구원해 주시려 하심이셨습니다. 하나님께서 저를 맞아주시는 하늘나라에 가기 전까지는 세상에서의 환난이 계속 되겠지요.

세상에서 겪어야 되는 환난은 이 땅에 있는 크리스천을 시련하려고 오는 불 시험이라 하셨습니다. 연단을 겪고 이긴 자에게는 즐거워하고 기뻐하게 해주신다고 약속하신 말씀을 믿게 하시옵소서. 그러므로 "오직 너희가 그리스도의 고난에 참예하는 것으로 즐거워하라."를 마음에 새기게 하시옵소서. 환난을 당하지만 담대하게 하시옵소서.

그 누구도 예외 없이 믿는 자들은 여러 가지 종류의 환난과 어려운 일들을 당하지만, 주 안에서, 주의 교훈 안에서, 성령의 위로와 도우심 안에서 평안과 담대함을 누리게 하실 줄로 믿습니다. 주님의 이기심에 참여하게 하시옵소서.

예수님께서 세상을 이겼다고 하시면서 주신 말씀은 "아버지께서 나와 함께 계시니라."고 하셨습니다. 지금, 저는 어떠합니까? 하나님께서 저와 함께 계셔주심을 믿습니다. 그리고 주님께서는 세상 끝 날까지 저와 함께 계신다고 약속해 주셨습니다. 살아가는 동안에, 오늘이라도 환난을 당하겠지만 예수님께서 세상을 이기신 그의 능력을 저에게 나타내심으로 이기게 하실 줄로 믿습니다.

오늘도 속히 오리라 하신 주님을 기다려 지내기를 원합니다. "믿음으로 말미암아 살리라." 하신 말씀을 따라 하나님을 믿고 인내함으로 주님의 오심을 기다리게 하시옵소서. 만일, 제가 인내하지 못하고 뒤로 물러가면 침륜에 빠지고 말 것입니다. 믿음을 지켰던 선조들의 삶의 역사를 기억하면서, 저 또한 그 뒤를 잇게 하시옵소서.

예수님의 이름으로 기도드립니다. 아멘 ♡

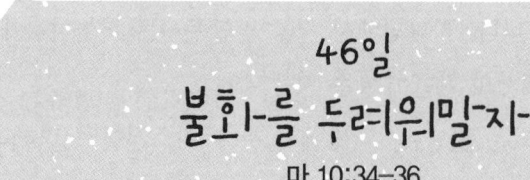

46일
불화를 두려워말자
마 10:34-36

하나님 아버지,

그 누가 저에게 기쁨이 되겠습니까? 한 날, 한 날을 주님을 믿는 기쁨과 평강을 충만하게 하시며, 성령의 능력으로 소망이 넘치기를 바라며 지내니 감사합니다.

예수님을 믿으면서 충돌을 경험하고 있습니다. 저 자신이 지금까지 살아오면서 갖고 있었던 생각이나 습관에 대한 도전 그리고 가족과 이웃에 대하여 달라져야 하는 우선순위의 변화 등에 지혜롭게 적응하기를 원합니다. 성령님께서 함께 해 주시옵소서.

저의 삶에서 거의 1순위에 놓였던 것들을 뒤로 제치고 그 자리에 주님을 모셔야 하는 충돌로 혼란스럽습니다. 저의 달라진 태도에 가정에서 갈등이 일어나고, 친구들이나 주위에서 '유별나다'는 조롱, 참기 어려운 상황들이 연출되고 있습니다.

전에는 우호적이었던 관계가 서먹해지고, 저의 달라져야 하는 생활의 패턴으로 그들로부터 공격을 받고 있습니다. 이것이 영적 전쟁인가요? 이러한 상황을 경험하는 것이 바로 주님께서 말씀하셨던 "화평이 아니고 검을 주러 왔다"는 것인지요? 이 불화의 시간을 슬기롭게 넘어가도록 성령님께서 도와주시옵소서.

그런데 지금, 저에게 또 다른 경험은 주님 안에서의 기쁨입니다. 세상

친구들이 저를 이해하지 못해도 제 마음이 평안이 있다는 것이지요. 알지 못했던 이들이었음에도 교회에서 만나는 이들과 누리는 평안함이 저를 즐겁게 하고 있음에 감사합니다. 이 평안함이 주님의 평안인 줄로 믿습니다. 구원받은 자의 심령 속에와 성도의 교제 가운데 있는 평안이라 깨닫습니다.

저를 담대하도록 이끌어 주시옵소서. 저에게는 하나님과 하나님의 뜻을 이루어드려야 하는 것이 1순위가 되어야 하는 까닭에 겪어야만 갈등을 이겨내도록 힘을 주시옵소서. 저에게 하나님은 사랑과 순종의 최고의 대상이 되십니다. 주님께 드리는 절대적인 사랑은 가족과 이웃에게 미움과 핍박을 사게 되겠지요? 두려워하지 않게 하시옵소서. 그들에게 분노하기보다 그들을 위하여 기도하게 하시옵소서. 그들이 주님의 사랑을 받아들이고, 복음을 누리도록 하시옵소서. 저의 가족이 다 하나님께로 돌아오도록 구원해 주시옵소서. 저의 가정에서 성소를 경험하게 될 때, 가정적인 평화가 올 것이라 믿습니다.

이에, 저에게 복스러운 소망으로 오늘을 살게 하시옵소서. 곧 우리 주님의 다시 오심, 영광스러운 재림을 기다리게 하시옵소서. "인자가 구름을 타고 능력과 큰 영광으로" 오신다고 하셨습니다. 주님의 다시 오심은 주님께 영광스러운 나타나심의 사건이고, 재림을 기다리는 저에게도 그 영광에 참예하게 해주심을 믿습니다.

아울러 "그 풍성한 대로 너희 모든 쓸 것을 채우시리라."고 약속해 주신 하나님이십니다. 오늘을 지내면서 부요하시고 풍성하신 하나님을 바라보게 하시옵소서. 친 백성으로 삼아 주신 저를 결코 버리지 않으시고 복을 받게 하심의 증인으로 지내게 하시옵소서.

예수님의 이름으로 기도드립니다. 아멘 ♡

47일
핍박을 받을 때, 즐거워하자
눅 6:22-23

하나님 아버지,

그리스도 예수 안에서 거룩하게 하시고, 성도라 부르심을 받은 자들과 교제하는 즐거움을 주시며, 교회 안에서 주님의 이름을 부르는 자들을 형제와 자매로 삼게 하시니 감사합니다.

구원에 대한 은혜가 감사하면서도, 지금 저는 견디기 어려운 시간에 놓였습니다. 불쌍히 여겨 주시옵소서. 예수님을 믿는다고 비난하는 이들이 있어서 그 갈등이 힘들게 합니다. 다른 신을 믿기 때문에 함께 할 수 없다고 여태까지 같이 지내던 사람으로부터 비난의 눈살을 받습니다.

핍박이라면 핍박이 될 수 있는 이 어려움을 어떻게 이겨내야 할까요? 성령님께서 은혜를 주시고, 지혜로 인도하셔서 타종교를 갖고 있는 이들과의 관계를 어떻게 해야 할지 가르쳐 주시옵소서. 인간적으로는 가장 가까운 친구들, 함께 지냈던 이웃들, 그들에게 복음을 전하려 했는데, 복음을 전하기 전에 비난을 받고, 적대감마저 느낍니다.

땅에 속한 자들로부터 공격을 받는 것이라면 감사함이 되게 하시옵소서. 주님을 믿음으로 말미암은 핍박이라면 도리어 저들을 불쌍히 여기게 하시옵소서. 저에게도 하나님 때문에, 예수님 때문에, 성경의 진리 때문에 받는 어려움을 복으로 삼게 하시옵소서.

고난을 당하는 날에 기뻐하라고 하신 말씀을 기억하게 하시옵소서. 하늘에서 상이 크다고 하신 약속을 확신하게 하시옵소서. 마지막 심판 때에 저에게 주어질 상급을 생각하며 받아들이게 하시옵소서. 주님과 그의 복음을 위해 고난을 당하는 제자들에게는 큰 상이 주어진다고 하셨는데, 저도 그 자리에 있기를 원합니다.

제가, 예수님을 믿기 때문에 이웃 사람들로부터 핍박을 받음은 저에 대한 증거로 삼게 하시옵소서. 아주 오래 전 옛날에, 선지자들은 많은 고난과 핍박을 당했지만 그들은 오히려 버티었습니다. 저에게도 저를 향한 핍박이 천국에 속한 사람이라는 증거가 된다고 깨닫습니다.

사람들로부터 받는 미움과 배척, 그리고 비난과 핍박을 당하는 것은 힘들고 고통스럽지만 받게 하시옵소서. 그 고난의 시간이 주님께서 가신 길이라면 저도 따르게 하시옵소서. 신앙의 선배들이 고난을 받으면서 갔던 것처럼 저도 그들의 뒤를 따르게 하시옵소서.

오늘, 신자로 살아가는 한 날이 외로운 시간이며, 외면당함을 받아들여야 하는 것으로 지내게 하시옵소서. "내 이름으로 말미암아" 곧 주님의 이름 때문에, 세상으로부터 어려움을 받게 된다는 것을 잊지 말게 하시옵소서. 저 역시도 세상으로부터 외면을 당할 것임을 생각하게 하시옵소서. 그러하나 끝까지 견디게 하시옵소서.

오늘의 의미를 어디에 두어야겠습니까? 하나님만 섬기고, 하나님만 사모하며, 하나님을 마음의 반석과 영원한 분깃으로 삼음이 되게 하시옵소서. 하나님을 예배하는 심정으로 살아드리게 하시옵소서.

예수님의 이름으로 기도드립니다. 아멘 ♡

48일
너희를 미워하는 자에게 선대하라
눅 6:27-28

하나님 아버지,

이제, 저에게 한 가지의 소망을 주셨으니 부르심을 받은 그대로 하나님과 함께 거하기를 소원합니다. 하나님의 이름에 영광을 드리기를 원하게 하시니 감사합니다.

오늘, 성령님께서 저의 마음과 생각을 다스려 주시기를 빕니다. 악한 자를 대적하거나 그에게 보복하지 말고, 그에게 끝까지 선을 행하라는 주님의 말씀이 저를 혼란스럽게 합니다. 이제까지 살아오면서 가졌던 생각은 복수라고 까지는 안 되어도 '갚아주어야 한다.' 는 것이었는데, 복수를 금하신 주님의 말씀에 순종하게 하시옵소서.

복수가 있기 때문에 악을 행하려는 욕구가 줄어들게 되리라 여겼는데, 어떤 악을 행함에도 복수를 금하신 주님의 생각을 갖게 하시옵소서. 악한 자라 할지라도 여전히 그는 사람이며, 하나님께 사랑을 받아야 된다는 것을 깨닫게 하시옵소서. 어떤 사람이라도 그는 하나님의 창조물이며, 하나님께서 보호하신다는 것을 잊지 않게 하시옵소서.

이 땅에 계시는 동안에 주님의 행적은 복수와는 멀으셨습니다. 주님께서는 자기에게 악하게 하는 자를 용서하시고, 그들을 향해서 원수를 갚으려 하지 않다고 믿습니다. 주님께서는 사람의 행위에 따라 보복하지 않으시고 용서하셨는데, 용서라는 이름으로 사랑하시는 그 마음을 저의 것으로 삼게 하시옵소서.

사람은 누구나 그 자신이 어떤 행위를 저질렀어도 인격적으로 대우를 받아야 한다는 것을 깨닫습니다. 그리고 악한 일을 저지른 사람도 자신의 행위에 대하여 자기를 변론할 수 있음을 깨닫습니다.

분하고, 억울할지라도 저에게는 사람의 행위에 대하여 정죄할 수 없음을 고백하게 하시옵소서. 저의 정죄가 상대방에게 악한 행위가 될 수 있음에 주의하게 하시옵소서.

저를 괴롭힌 악인에 대하여 제가 그에게 다가갈 수 있는 방법을 주신 하나님을 따르게 하시옵소서. 하나님은 저에게 오래 참으시며, 제가 무엇을 했든지 복수하지 않으시고, 도리어 제가 스스로 무엇에 잘못이 되었는지 돌아보게 하십니다. 제가 저의 행동에 대하여 깨닫도록 기다려주시는 하나님의 마음을 배우게 하시옵소서.

저에게 악한 행동을 하고, 괴롭힌 자에게 양보하게 하시고, 손해를 보라 하신 주님의 음성을 달게 받습니다. 복수 대신에 용서를 할 때, 그의 영혼을 가까이 할 수 있다는 것을 배웁니다. 복수를 하면 그와 원수로 남지만 손해를 봄으로써 그의 영혼을 얻을 수 있음을 배웁니다. 억울함을 당할 때, 오래 참고 인내해야 하며 사실, 저에게 정당한 권리도 때로는 포기하게 하시옵소서.

선행이 없는 자는 열매가 없는 자이지만, 선행이 많은 자는 열매가 많은 자라는 것을 깨닫게 하셨습니다. 오늘, 하나님 앞에서 "열매 없는 자가 되지 않게 하기 위하여"에 주목하게 하시옵소서. 열매를 맺기 위해서 선행을 배우도록 하시며, 선행에 힘쓰게 하시옵소서. 성령님께 저를 드려 강권해주시는 대로 순종하는 오늘로 살게 하시옵소서.

예수님의 이름으로 기도드립니다. 아멘 ♡

49일
오 리를 가게 하거든 십 리를 동행하며
마 5:41-42

하나님 아버지,

저는 정말로 아담 안에서 삶이 죽어있던 자였습니다. 저를 불쌍히 여기사 복음을 받아 예수님을 영접하게 하셨고, 그리스도 안에서 삶을 얻을 것을 소망하게 하시니 감사합니다.

예수님을 믿는다는 그 증거가 저에게 있게 하시옵소서. 생활 속에서 예수님을 믿는 자의 모습이 증거 되도록 성령님께서 강권해 주시옵소서. 이로써 예수님을 믿어서 천국에 간다고 하는 막연함보다 하나님의 백성으로 세워지기를 원합니다.

저에게 주님의 사람이라는 증거가 무엇입니까? 주님을 나타내는 삶, 곧 주님의 모습으로 살아가게 하시옵소서. 예수님을 명목적으로 믿는 자가 아니고, 주님께 속하여 주님을 드러내게 하시옵소서.

바리새인이나 서기관보다 더 나은 의를 가져야 천국에 들어갈 수 있다고 하셨습니다. 예수님은 저에게 완전한 의가 되시는 줄로 믿습니다. 주님께로부터 주님의 의를 받아 완전한 의에 이르는 삶을 살아가는 것을 소원으로 삼게 하시옵소서. 그리하여 주님을 닮고, 주님처럼 살아가게 하게 하시옵소서.

주님께서는 죄인 되었던 저를 위하여 주님 자신을 주셨다고 믿습니다. 그 주심은 저를 향하신 주님의 사랑이셨지요? 주님께서 자기를 저에게 주셨음처럼 저도 역시 누군가에게 주는 자가 되어 사랑을 나타내게 하시옵소서. 저에게 달라고 손을 내미는 사람에게 빈손을 보이지 않게 하시옵소서.

제가 누구인가요? 죄로 말미암아 죽어 멸망에 이르렀었는데, 주님께서 대신 죽어주셨습니다. 주님의 죽어주심으로 제가 구원을 받았는데, 저에게 요구하는 자를 거절할 수 있겠습니까? 저에게는 거절할 권리가 하나도 없음을 깨닫고 있습니다.

이제, 누군가 저에게 와서, "억지로 오 리를 가게 하거든 그 사람과 십 리를 동행하라."고 하신 주님의 말씀을 마음에 담게 하시옵소서. 누구에게든 십 리를 가주는 것이 그에게 나타내는 사랑인 줄로 믿습니다. 주님은 제가 원하는 것을 거절하지 않으셨다고 믿습니다. 요구하는 것을 거절하지 않는 태도가 저에게 요구된다고 깨닫습니다. "네게 구하는 자에게 주며"라고 하신 말씀에 순종하게 하시옵소서.

주님께서는 저의 용서를 비는 손을 거절하지 않으시고 용서해 주신 것을 믿습니다.

받은 자로서 누가 누구를 거절할 수 있습니까? 저에게도 요구하는 대로 응하게 하시옵소서. 그것이 제가 예수님의 사랑을 실천할 수 있는 방법이라 깨닫습니다. 그리하여 꾸고자 하는 자에게 거절하지 않고 예수님의 향기를 날리는 삶이 되게 하시옵소서.

"어느 날에 너희 주가 임할는지"라는 주님의 말씀을 듣기를 원합니다. 저의 심령이 깨어서 주님께서 원하시던 경건과 의와 사랑의 생활을 기쁘게 여기게 하시옵소서. 저에게 믿음이 있다는 증거로 오늘도 의롭고 거룩한 생활, 서로 사랑함을 실천하게 하시옵소서.

예수님의 이름으로 기도드립니다. 아멘 ♡

50일
너희로서는 모든 사람으로 더불어 평화하라
롬 12:17-21

하나님 아버지,
견실하며 흔들리지 말고 항상 주의 일에 더욱 힘쓰는 자들이 되라는 말씀을 달게 여기고, 믿음의 삶을 사는 수고가 주 안에서 헛되지 않은 줄 깨닫게 하시니 감사합니다.

예수님을 믿고 난 후로, 저에게 소원이 생겼는데, 주님의 말씀을 실천하려는 마음을 주시옵소서. 그런데 예수님의 말씀은 당황스럽기도 합니다. 제가 갖고 지냈던 마음으로는 납득이 어렵습니다. 원수는 대적해야 하고, 저를 미워하는 사람은 미워하고, 저주하는 사람에게는 저주하며, 모욕하는 사람은 모욕해야 똑똑한 것이라 여기며 살아왔지요. 그런데 주님께서는 사랑하라고 하십니다.

성령님이여, 저에게 충만하게 임해 주시옵소서. 성령님의 강권으로 지금까지 살아왔던 태도를 버리도록 하시옵소서. 주님의 생각, 주님의 마음을 갖고 이웃을 대하게 하시옵소서. 예수님께 받은 사랑으로 이웃에게 대하게 하시옵소서. 저에게 악하게 하는 자들을 사랑으로 이기게 하시옵소서.

"아무에게도 악으로 악을 갚지 말고 모든 사람 앞에서 선한 일을 도모하라. 할 수 있거든 모든 사람으로 더불어 평화하라."고 한 바울의 권면을 저의 것으로 삼게 하시옵소서. 그렇게 하여 제가 하나님의 사랑을 받고 있음을 증명하게 하시옵소서. 사랑해주시는 하나님의 "그리스도께서 우리를 위하여 죽으심으로 하나님께서 우리에게 대한 자기의 사랑을 확증하셨다고 하셨습니다.

제가 진실로 하나님께 사랑을 받고 있나요? 저에게 악하게 대하는 이들을 사랑한다면, 싸움을 걸어와 다툴 수밖에 없는데도 참으며 사랑으로 나아간다면 하나님께로부터 사랑을 받았다는 증거가 될 것입니다. 하나님께서 저를 사랑하시며, 그 사랑으로 살아가고 있으니 마땅히 원수를 사랑함에 이르게 하시옵소서.

예수님께서 친히 말씀하시면서, 원수를 사랑하라 하셨음을 기억합니다. 원수를 사랑함을 저에게 명령의 말씀으로 주셨으니, 저에게는 이 명령을 거절할 권한이 없음을 깨닫습니다. 하나님 앞에서 원수 되어 있던 제가 아니었습니까? 저를 주님께서 자기의 몸을 십자가에 내어 주시면서 사랑해 주셨으니 주님을 따르게 하시옵소서.

원수를 사랑하게 하시옵소서. 저에게 악한 행위로 괴롭히는 자에게 선한 행실로 대하게 하시옵소서. 악을 선으로 대접하게 하시옵소서. 주님께서 십자가 위에서 자기를 못 박는 자들을 향해서 드리셨던 "아버지여, 저희를 사하여 주옵소서. 자기의 하는 것을 알지 못함이니이다."라는 간구를 저의 기도로 삼게 하시옵소서. 저의 마음과 생각을 바꾸어 사랑으로 대하게 하시옵소서.

오늘을 지내면서 하나님 앞에서 "견고하며 흔들리지 말며 항상 주의 일에 더욱 힘쓰는 자"가 되게 하시옵소서. 하나님과 하나님의 약속을 믿고 확신하며, 하나님께 대하여 의심하지 않기를 원합니다. 그리고 주님을 믿음이 날마다 더욱 굳건해지기 하시옵소서.

예수님의 이름으로 기도드립니다. 아멘 ♡

51일
주님을 따르기 전에, 가난한 자들을 돕자
마 19:21

하나님 아버지,

예수님의 십자가를 생각할 때, 그리스도의 사랑이 강권해 주시는 것을 느낍니다. 주님께서 죄인을 대신하여 죽어 주심으로써 저에게는 제가 죄에 대하여 죽은 것임을 믿어 감사합니다.

저에게 이제까지도 재물에 대하여 집착하며 살아온 것을 회개하게 하시옵소서. 저도 참으로 궁핍했던 시간이 있었으며, 그 가난으로 말미암아 불편하기가 짝이 없었으며, 또한 사람들에게 무시를 당하기도 하면서 재물을 목숨처럼 여겼습니다.

그러하였던 저에게 참 소중한 것은 재물이 아니고 목숨이라는 것을 깨닫게 해 주셨습니다. 그리고 재물은 하나님의 영광을 위하여 사용될 때, 의미가 있음을 알게 하셨습니다. 재물을 아주 잠깐 저에게 맡겨 주셨으니, 주님께서 원하실 때 드리게 하시옵소서. 재물은 저의 것이 아니라 맡겨진 것이라는 것을 꼭 기억하며 지내게 하시옵소서.

사실, 재물은 저에게 우상이었습니다. 삶의 기준이 재물에서 비롯되고, 무엇이든지 돈과 연결되어서 선택과 거절이 결정되었던, 재물에 붙잡혀 노예로 지내왔었습니다. 주님께서 저에게 주신 은혜는 하나님께 헌금을 드리면서 자유를 누린 것이었습니다. 하나님께 드림이 좋았고, 기쁨이 되게 하셔서 감사합니다.

재물 문제에서 하나님께 의롭게 되게 하시옵소서. 세상에서 살아가는 동안에 재물이 관리되어야 해서 저의 이름으로 보관이 되는 것일 뿐, 그 소유주는 하나님이십니다. 하나님의 것을 맡은 동안에 하나님의 나라와 그 뜻을 구하는데 사용하는데 주저하지 않게 하시며 하나님의 일에 모든 것을 하도록 재물을 드리게 하시옵소서.

재물을 사용하는 손을 거룩하게 하시며, 하나님께의 영광을 구하는 저의 신앙고백이 되게 하시옵소서. 하나님께서 저에게 재물을 주신 게 아니고, 맡기심으로 받아들이게 하시옵소서. 하나님께서 원하실 때는 언제나 내어드리게 하시옵소서. 그리고 하나님께서 은혜를 나타내려 하실 때, 재물을 내어드리게 하시옵소서.

부지런히 손을 펴서 하나님의 일이 활발하게 일어나도록 하시옵소서. 저에게 주신 재물로 이웃을 도우므로 그들을 사랑하게 하시옵소서. 비록 적은 금액이지만 어려운 사람에게 나누어 주님의 긍휼을 나타내게 하시옵소서. 제가 하나님의 사람으로 살아가는 삶이 재물로 증명이 되게 하시옵소서.

그러므로 "네 소유를 팔아 가난한 자들을 주고 나를 좇으라고" 하셨던 주님의 말씀을 제가 듣게 하시옵소서. 저의 손에 있는 것이 저의 것이 아님을 고백하게 하시옵소서. 그리하여 저에게도 하늘에서 보화가 있을 것이라는 확신을 갖게 하시옵소서.

오늘, 한 날을 지내면서 "이방인 중에서 행실을 선하게 가짐"에 주목하게 하시옵소서. 행실을 선하게 행하여 그 선한 바를 이방인들에게 보여 주고자 합니다.

예수님의 이름으로 기도드립니다. 아멘 ♡

52일
표적이 아니라 주님을 따르자
막 8:11-13

하나님 아버지,
전에는 죄인이었던 제가 율법의 행위가 아니라 오직 예수님을 믿어 의롭게 되었음을 확신합니다. 만일, 저에게 율법의 행위를 원하셨다면 여전히 죄에서 벗어날 수 없는데, 의롭다 해 주시니 감사합니다.
요즘에는 진짜 크리스천이 된 듯합니다. 주님을 더욱 가까이 하게 하시옵소서. 주님을 믿는다고 했을 때, 믿음의 주제가 제가 아니기를 원합니다. 예수님에 의한 예수님을 믿는 자가 되게 하시옵소서. 제가 믿음을 갖는 게 아니고, 주님께서 믿음을 주시옵소서.
성령님께서 강권하사 저에게 믿도록 하시옵소서. 만일, 제가 예수님을 믿으려 한다면 믿음을 갖도록 무엇을 달라고 졸랐겠지요? 예수님을 하나님의 아들로 믿으려 하지 않았던 바리새인들, 그래서 주님께서 그들에게 표적을 주시기를 거절하신 줄로 믿습니다. 예수님을 믿으려 하는 자에게 믿음을 갖게 하시려고 표적을 주신다고 깨닫습니다.
이제, 저에게 표적을 구하는 자가 아니라 주님을 사랑하여 따르게 하시옵소서. 주님께 대한 저의 호기심이나 기분을 만족하려고 주님을 시험하려 하지 않게 하시옵소서. 하나님께서 저에게 표적을 주셔야 하신다면 표적을 주실 거라 믿습니다. 그러므로 오늘도 저에게는 주님을 섬기는 한 날로 지내겠다는 결심을 하게 하시옵소서.

예수님을 믿기 때문에 무엇을 얻게 된다는 지, 예수님을 믿으니까 그 증거로 어떤 것을 보게 된다는 것에 마음을 빼앗기지 않게 하시옵소서. 하나님께서는 표적이 없이도 사람들을 믿게 하실 수 있고 그렇게 하신다고 믿습니다.

저의 하나님께 대한 신앙은 오직 예수님을 사랑하며, 따르는 것이기를 원합니다. 구원에 이르는 참된 믿음을 갖고자 기도하게 하시옵소서. 성경을 가까이 하여 하나님의 말씀으로 신앙의 집을 짓게 하시옵소서. 주님께서 도마에게 칭찬을 하셨던 말씀, "너는 나를 본 고로 믿느냐 보지 못하고 믿는 자들은 복되도다."라고 하신 말씀을 저에게도 들려주시옵소서.

예수님의 실제 모습을 눈으로는 보지 못하였지만, 성령님께서 믿음을 주셔서 예수님을 주로 믿으며, 늘 주님을 따르는 삶을 날마다 잇게 하시옵소서. 주님께서 다시 오신다고 약속을 해 주신 그날까지 이 믿음으로 살아서 영혼의 구원을 받음에 들어가게 하시옵소서.

구원에 이르는 믿음을 위하여 제가 노력을 해야 할 것들에도 민첩하게 하시옵소서. 기도하는 시간을 늘려가게 하시고, 성경을 읽으며, 오늘 저에게 하시는 하나님의 음성을 들어 순종하게 하시옵소서.

하나님 앞에서 "자기를 깨끗하게 하면"이라고 하신 말씀에 심령을 두게 하시옵소서. 바른 신앙 사상, 바른 교리 사상을 가져서 주님께 바름의 은혜를 경험하기를 원합니다. 사람들에게 무엇을 했다고 내놓으려는 유혹을 거절하게 하시며, 먼저 하나님께 사용이 됨에 주목하게 하시옵소서. 예비 된 그릇으로 자신을 준비하게 하시옵소서.

예수님의 이름으로 기도드립니다. 아멘 ♡

53일
의에 대하여 살게 하려
벧전 2:24

하나님 아버지,

하나님께서 저에게 다가오시지 않으셨다면 저는 죄악 가운데서 살았을 뿐이었습니다. 예수님을 주로 믿게 하시고, 그 믿음으로 말미암아 그리스도 예수 안에서 하나님의 아들로 삼아주시니 감사합니다.

하나님의 공의는 예수님을 저를 위한 속죄의 제물로 내어주도록 하셨다고 깨닫습니다. 죄인은 용서하시지만 그 죄는 값을 치러야 하기 때문에 죄 없으신 주님께서 대신 죄 값을 치러 죽어주신 줄로 믿습니다. 주님께서 저를 대신하셔서 저의 죄 값을 치러주심으로써 저는 "죄에 대하여 죽고 의에 대하여 살게" 되었다는 것을 믿습니다. 이제, 예수님을 생각할 때, 저를 위하여 피를 흘리시고 제물이 되어주신 분이시라는 사실을 먼저 떠오르게 하시옵소서. 주님께서 흘려주신 보혈의 공로로 저는 하나님께 자녀가 되었으니 구속의 은혜를 늘 기억하게 하시옵소서.

하나님의 공의가 저를 구원에 이르게 해 주셨습니다. 하나님의 의가 저를 천국 백성이 되도록 하셨으니, 이 땅에서 지내는 동안에 의로 살아가기를 소원하게 하시옵소서. 저의 생각이나 말 그리고 행동에서 하나님께 의롭게 하시며, 의의 열매를 맺게 하시옵소서.

성령님께서 저를 강권하시고, 끊임이 없이 간섭해 주셔서 의를 구하게 하시옵소서. 만일, 제가 원하는 것일지라도 의가 아니라면 거절하게 하시고, 악은 모양이라도 흉내를 내지 않게 하시옵소서. 하나님의 자녀가 되었음을 시인하면서 불의에 손을 대지 않게 하시옵소서.

의를 이루는 것이 아니라면 거절하게 하시옵소서. 때로는 어려움에 처하게 된다 해도 하나님께서 받으시지 못하실 것이라면 거절하게 하시옵소서. 주님께서 흘려주신 보혈로 의롭게 되었는데, 어찌 의를 더 럽혀야 되겠습니까?

예수님께서 십자가를 지셨을 때, 주님께서 채찍에 맞음으로 우리가 나음을 얻었다고 하셨습니다. 멸망에 이르게 하는 죄로부터의 나음, 죽음이라는 형벌에서의 나음이라 깨닫습니다.

제가 지금, 하나님의 공의로 의롭다 칭함을 받고 있음을 기억하게 하시옵소서. 그러므로 오늘을 지내면서 제가 추구해야 될 것은 하나님께 의를 이루는 삶이라고 믿습니다. 그것이 바로 하나님께는 거룩함이고, 저 자신에게는 예수님의 십자가로 얻은 구원에 이르는 것이라 깨닫습니다. 하나님 앞에서 거룩하기를 원하는 한 날의 생활을 더하게 하시옵소서.

저에게 오늘은 하나님을 경외하며 그의 계명대로 흠 없이 행하는 자로 기록이 되게 하시옵소서. 여호와께 "온전한 자의 날"로 살아드리게 하시옵소서. 그래서 저의 하루가 바로 제단에 바쳐지는 제물이 되기를 원합니다. 저의 간절함은 여호와 앞에서 이 세상에서나 저 천국에서 하나님께 온전한 날이니 받아 주시옵소서.

예수님의 이름으로 기도드립니다. 아멘 ♡

54일
지혜가 부족하거든
약 1:5

하나님 아버지,

저에게 영적으로 아브라함의 자손이 되게 하셨습니다. 주를 믿는 믿음 안에서 언약의 백성이 되게 하신 은혜에 감사합니다.

예수님께서 제자들에게 하셨던 말씀, 들을 귀를 가지라고 하셨던 것처럼, 저에게는 성도로 살아가는 지혜가 있게 하시옵소서. 신자가 되어서 하나님의 말씀으로 살아야 하는 것은 아는데, 제가 지녀왔던 습관으로 살아가고 있습니다. 하나님께 속하였느니 하나님의 방법으로 지내게 하시옵소서.

저는 지금, 하나님의 말씀을 삶의 현장에 적용하는 것을 모르고 있습니다. 주님께서 원하시는 방법을 좇아 살아가는 방법, 곧 지혜를 갖게 해 주시옵소서. 성령님께서 저의 생각에 간섭해 주셔서 그때그때마다 생각하도록 하시고, 사람들에게의 말에도 그 대화에 꼭 맞는 말을 하게 하시옵소서.

지혜가 없어서 답답해하던 저에게 "하나님께 구하라 그리하면 주시리라"라고 약속해 주셨다고 믿습니다. 이제, 하나님께 구하게 하시옵소서. 하나님의 백성으로 살도록 가르쳐 주시옵소서. 성도로 살아가는 방법을 깨달아 알게 하시옵소서.

예수님께서 하신 말씀에, "구하라 그러면 너희에게 주실 것이요 찾으라 그러면 찾을 것이요 문을 두드리라 그러면 너희에게 열릴 것이니"라고 하셨으니 이제, 지혜를 구하는 데 부지런하게 하시옵소서.

이제부터는 지혜가 부족하다고 느낀다면, 저의 생각대로 하지 않고, 하나님께 구하여 얻게 하시옵소서. 하나님은 저에게 후히 주시는 분이시며 꾸짖지 않으신다고 하신 말씀을 믿습니다.

지혜를 하나님께서 주실 것을 믿고, 구하는 습관을 갖게 하시옵소서. 그리고 제가 구한 지혜를 주시기까지 기다리게 하시옵소서. 제 생각을 앞세워 행동하지 않고, 하나님의 응답이 있기까지 기다리게 하시옵소서.

오늘, 제가 누구로부터 배워야 합니까? 하나님의 말씀을 즐거워하고 사모하여 하나님의 백성으로 자신을 세워가게 하시옵소서. 진리의 말씀이 저의 삶 속에 견고해지기를 원합니다. "내게 가르치소서. 내가 끝까지 지키리이다."라는 결단으로 오늘을 살게 하시옵소서.

하나님의 말씀을 따르는 것이 저에게 지혜인 줄로 믿습니다. 제가 익혀왔던 삶의 태도를 버리고 하나님께서 말씀하시는 대로 순종하는 삶, 그것이 지혜로운 것인 줄로 믿습니다. 저의 삶을 하나님의 말씀에 두게 하시옵소서. 하나님의 말씀에 그대로 순종하여 하나님의 뜻을 이루어드림으로 지내게 하시옵소서.

오늘, 저의 한 날에 하나님과 구주 예수님께 시선을 드리게 하시옵소서. 그 어떤 분주함보다 하나님과 예수님을 주목하는 것이 바쁘기를 원합니다. 교회 안이나 또한 교회 밖이나 그리고 제가 살아가는 것들은 저에게 주목의 대상이 아님을 확인하게 하시옵소서. 저의 삶에서 나타내실 하나님만 바라보게 하시옵소서.

예수님의 이름으로 기도드립니다. 아멘 ♡

55일
그의 길을 기뻐하시니
시 37:23

하나님 아버지,
그리스도께서 저를 위하여 저주를 받은바 되사 율법의 저주에서 속량해 주셨음을 믿습니다. 이제, 저주는 주님께서 담당해 주셨으니 그 은혜에 배은망덕하지 않고, 주님을 섬기게 하시니 감사합니다.
주님을 알기 전에, 저의 삶은 하나님께 대적이었잖습니까? 저를 정말 자녀로 삼아주셨다면 하나님 앞에서 지내는 소원을 갖게 하시옵소서. 저에게 의인으로 살고자 하는 마음을 주시옵소서. 여호와께 의인이 되어 천국 백성으로 살아드리는 삶을 살게 하시옵소서.
의인의 길을 정해 주시고 의인으로 살도록 하시는 하나님께 선택된 자녀로 지내게 하시옵소서. 하나님이 없이, 그리고 저 자신이 하나님이 되어서 살았던 지난 시간을 속죄하는 은혜를 내려 주시옵소서. 하나님을 아버지로 부르기 시작한 날부터 저의 삶은 여호와에 의해서 견고해지기를 원합니다.
제가 어디로 가든지 저의 길은 여호와의 것이 되게 하시옵소서. 제가 무엇을 하든지 저의 행실이 여호와께 드림이 되게 하시옵소서. 저의 삶이 하나님께 영광이 되어드리고, 저에게는 기쁨이기를 원합니다.
제가 만일, 하나님께 속하지 못했다면 저는 천국 시민이 아닌 줄로 믿습니다. 주일에 교회를 찾아 예배시간에 참여한다고 하나님의 자녀가 되었다고 착각하지 않게 하시옵소서. 예수님을 구주로 받아, 하나님께 속한 사람이 되는 것에 집중하게 하시옵소서.

그때 비로소 저는 천국 백성이 되어 지고, 제가 지어야 하는 신앙의 집은 견고해질 거라고 깨닫습니다. 하나님께서 인정하시는 인생, 그 삶은 하나님께서 지켜주신다고 믿습니다. 하나님께서 붙잡아 주실 때 저는 넘어지지 않는다고 확신합니다.

생각하지도 않았던 어려움을 만나면 하나님을 찾게 하시옵소서. 위급한 경우에 마주하게 될 때, 하나님께로 얼굴을 향하게 하시옵소서. 그것은 이 곤란함에서 저를 건져달라는 것이 아니고, 하나님의 음성을 듣기를 원합니다. 어려움에서 벗어나려고 하지 않고, 의인으로서 하나님의 길을 걷게 하시옵소서. "내가 종일 주를 기다리나이다."라고 고백하게 하시옵소서.

저의 신앙생활이 저 자신의 영광에 의미나 목적을 두지 않게 하시옵소서. 저에게 부요하게 누림이나 형통에 기도의 목표를 두지 않게 하시옵소서. 오직, "주의 이름에만 영광을 돌리소서."의 한 날로 지내게 하시옵소서. 저의 관심은 하나님이지 제가 아님을 깨닫습니다. 제 마음의 집중도 제가 아니고, 하나님의 이름이 되게 하시옵소서.

저에게 오늘, 하나의 소원을 간직하게 하시되 "여호와를 항상 내 앞에 모심이여"라는 고백으로 지내게 하시옵소서. 하나님을 저의 하나님으로 인정하며, 높여드리고, 엎드림으로 하나님께 나아가는 은혜를 구합니다. 좋다고 여겨지든지, 또는 어려움에 빠져가고 있든지 그것에 흔들리지 않고, 하나님을 저의 오른편으로 두게 하시옵소서.

예수님의 이름으로 기도드립니다. 아멘 ♡

56일
여호와를 의뢰, 선을 행함
시 37:3

하나님 아버지,

제가 무엇으로 천국 백성의 신분을 살 수 있었겠습니까? 피 흘려 죽으신 주님을 믿음으로 말미암아 그리스도 예수 안에서 하나님의 아들로 삼아 주신 은혜에 감사합니다.

저에게는 종종 풀리지 않는 의문이 있었는데, 누가 볼지라도 비난을 받아야 할 사람이 잘 지내는 것이었지요. 그런데 오늘, 성도는 악을 행하는 자가 형통할 때 불평을 하지 말라는 깨달음을 받습니다. 악인이 어찌 지내든지에 고민하지 말고, 여호와 앞에서 착한 일에 힘쓰게 하시옵소서.

악인의 삶에 대해서는 하나님께 맡기고, 저는 저의 본분을 다하라는 말씀에 순종하게 하시옵소서. 악인에 대하여 화를 내거나 정죄하지 말고, 천국 백성으로서 성실하면 된다는 교훈을 받게 하시옵소서. 악인에 의해서 요동하지 않고, 하나님을 신뢰하며 저의 자리를 지키게 하시옵소서.

혹시라도 잘 되는 악인을 보고, 그 유혹에 넘어가 '한 번 뿐이야.' 라고 생각하여 악한 행실에 손을 대지 않게 하시옵소서. 하나님께서 주신 기업의 삶, 하나님께서 원하시는 자세로 받들어 섬기게 하시옵소서. 그 형통함은 잠시 잠깐일 뿐이라 깨닫습니다.

"그들은 풀과 같이 속히 베임을 당할 것이며 푸른 채소 같이 쇠잔할 것임이로다." 누가 하신 말씀이십니까? 하나님이시잖아요. 악인에 대해서는 하나님께서 심판을 하실 것입니다. 하나님의 시간이 되면 악인을 멸하실 것입니다. 그리고 의인을 지켜 주실 것입니다.

제가 누구에 대하여 의를 구함은 저를 교만하게 하는 것이라 깨닫게 하시옵소서. 저에게는 다른 사람에 대하여 판단하거나 정죄할 권한이 없음을 기억하게 하시옵소서. 제가 혹시라도 하나님의 의를 구한다는 명목으로 악인에게 불평하거나 악인을 비난하지 않게 하시옵소서. 그것은 하나님께 간섭을 하는 저의 오만함일 뿐이라 여깁니다.

악인의 행실에 대해서는 하나님을 바라보고, 저는 오직 하나님을 의지하게 하시옵소서. 하나님께 성실한 모습으로 지내게 하시옵소서. 하나님을 기다리게 하시옵소서. 하나님께 성실하기 위해서 거룩하게 지내기를 힘쓰게 하시옵소서. 혹시, 저에게 있을 들보를 찾으며 도리어 겸손하게 하시옵소서.

하나님께서 주신 땅에서 하나님을 신뢰하고, 끝까지 신실하게 의로운 삶을 살기를 원합니다. 성령님께서 저를 강권하셔서 여호와께 성실하게 하시옵소서. 하나님을 기뻐하는 것, 그것이 저의 삶인 줄로 믿습니다.

저는 오직 여호와를 기뻐하게 하시옵소서. 그것이 하나님 앞에서 제가 취해야 할 태도임을 깨닫습니다. 하나님께서 마음의 소원을 이루어 주실 줄로 믿습니다. 혹시라도 남의 행동에 대하여 분노하여 정죄하지 않게 하시옵소서. 오히려 하나님을 기다리게 하시옵소서.

예수님의 이름으로 기도드립니다. 아멘 ♡

57일
여호와를 송축하라
시 103:1

하나님 아버지,

하나님의 나라에서는 외인일 수밖에 없었는데, 하나님의 친 백성으로 삼아 주시고, 그리스도의 것이라 선언해 주시면서 아브라함의 자손이요 약속대로 유업을 이을 자라 믿게 하시니 감사합니다.

오늘, 한 날을 시작하면서 제가 할 일이 있다면 무엇이겠습니까? 저를 깨워주신 하나님께 찬양을 드리게 하시옵소서. 저에게 천국 백성으로 살아가라고 시간을 주신 하나님은 영원히 찬송이신 줄로 믿습니다. 저에게도 옛 신앙인들이 원하였던 대로 제 안에 있는 모든 것들을 향해서 "여호와를 찬송하라."고 외치게 하시옵소서. 저의 마음과 영혼, 몸이 하나님의 이름을 높여드리게 하시옵소서. 그리고 함께 하나님의 자녀로 지내는 ○○교회의 공동체가 하나님께 찬양을 드리는 것을 꿈꾸게 하시옵소서. 하나님은 땅에서 영광을 받으셔야 하십니다.

하나님께 영광이 되어야 할 저라고 믿습니다. 주님을 알기 전에는, 아침에 일어나서 잠들 때까지 세상이 저의 관심이었습니다. 먹고 지내는 것, 입고 살아가는 것, 누리면서 과시하는 것이 저의 전부였습니다. 그런 저에게 천국을 구하라고 하신 하나님이신 줄로 믿습니다.

그럼에도 여전히 제가 먹고 살아가는 것을 구한다면 성도가 아니라고 깨닫습니다. 이 땅에서의 삶은 하나님께서 책임을 져 주실 것으로 믿습니다. 저는 오직 여호와의 이름에 찬양을 드리게 하시옵소서.

저에게 하나님의 아버지 되심을 경험하게 하시옵소서. 하나님이 아버지이신 것을 모르면 저는 불안에서 땅의 것을 구해야 할 겁니다. 자녀들과 함께 지내기 위하여 소용되는 것들을 구해야 하지 않을까요? 제가 받아 누리고 있는 은혜를 헤아리게 하시옵소서. 하나님께서 복을 주셔서 이렇게 지내고 있음을 인정하게 하시옵소서.

제가 저의 마음과 생각으로 여호와의 이름을 찬양하겠다고 결단하게 하시옵소서. 다른 사람이 저에게 하나님을 찬양하도록 하지 못함을 깨닫습니다. 하늘의 하나님께서 저의 심령에 찬양을 드리도록 인도해 주시옵소서. 오늘도 살아가기 위해서 분주하지만 순간, 순간에 저에게 베풀어 주셨던 은혜를 기억하게 하시옵소서.

하나님의 은혜를 기억함이 저에게 찬양으로 이끌어 준다고 믿습니다. 오늘도 제가 입을 벌린다면 첫 소리는 하나님의 은혜에 대한 헤아림과 고백이라 깨닫습니다. 하나님을 기억하게 하시옵소서. 하나님께서 베풀어주신 손짓이 크게 보여 지게 하시옵소서.

오늘을 지내면서 제가 경험하게 되는 그 어떤 것보다도 하나님께서 저에게 주신 은혜가 더 크기를 원합니다. 그리하여 아무리 찬양을 드려도 못 다 드릴 노래를 부르게 하시옵소서.

제가 정말로 하나님을 경외하는 자인지요? 저의 오늘은 전심으로 하나님을 찬송하며 영원히 그의 이름에 영광을 돌리는 한 날로 종일을 지내게 하시옵소서. 제가 하나님을 경외해아 하는 까닭은 저를 불쌍히 여기시고, 인자를 베푸셔서 지옥 깊은 곳에서 건져주셨기 때문이십니다. 저를 구원해 주신 주, 그 이름을 찬양하게 하시옵소서.

예수님의 이름으로 기도드립니다. 아멘 ♡

58일
하나님의 말씀을 따라 스스로 삼가라
딤후 3:16

하나님 아버지,

죄의 구렁텅이에 빠져 허우적대던 저를 향하신 그 은혜가 얼마나 큰지요? 율법 아래에 있던 인생을 속량해 주시고, 아들의 명분을 얻게 하셨음에 감사합니다.

제가 이렇게 여호와 앞에 있음은 저를 사랑해 주시는 하나님의 사랑 때문이라 믿습니다. 그리고 그 사랑이 저 자신을 위하여 기도하게 하시며, 함께 형제와 자매가 된 지체 ○○교회의 성도를 위하여 간구하기를 좋아하게 하신 줄로 믿습니다. 오늘도 함께 교회 된 지체에게 준비된 복을 내려 주시옵소서.

저를 하나님께서 '새 자녀'로 삼아 주시고, ○○교회에 등록된 성도가 되어 매일의 기도를 하게 하신 지 60여 일에 이르게 하시니 감사합니다. 60여 일의 시간을 돌아보니 하나님의 은혜였습니다. 전에는 알지 못하였던 즐거움과 가쁨, 그리고 교회 안에서 성도의 교제를 누리며 천상의 삶을 살도록 하셨습니다.

그러나 동시에, 예수님을 믿지 않는 사람에 대한 슬픔에 눈물을 흘립니다. 저를 구원해 주셨듯이 저의 주변에 있는 이들에게도 구원의 은총을 내려주시옵소서. 불신자들이 불쌍하게 여겨지고, 그들을 볼 때, 눈물이 흘려지게 하심은 무슨 뜻이신가요? 제가 흐르는 눈물 속에 쳐다 본 사람들, 그들을 하나님의 자녀로 삼아 주시옵소서.

이 시간에, 저를 향하신 하나님의 긍휼이 풍성하기를 빕니다. 제가 여호와께 복 된 자녀가 되게 하시옵소서. 성령님께 충만함으로써 말씀에 순종하고, 하나님의 말씀으로 자신을 다스려 거룩하게 세워지기를 힘쓰게 하시옵소서. 의의 자녀로 살기에 조금도 모자라지 않게 하시기를 빕니다.

하나님의 말씀을 따라 자기를 삼가 성도의 행실을 사랑하게 하시옵소서. 성경을 우리에게 주심은, "모든 성경은 하나님의 사람으로 온전케 하며 모든 선한 일을 행하기에 온전케 하려 함이니라"에 있음을 믿습니다.

성령님께 충만하여 육체의 모습을 거절하고, 오직 영에 속한 행실의 열매를 맺는 삶이 되게 하시옵소서. 죄를 멀리 하기를 소원하였던 다윗과 함께 자신의 행위로 범죄 하지 않은 것을 자랑으로 삼기를 평생의 기도로 여기게 하시옵소서.

그 누가 저에게 하나님의 자녀가 되게 한다는 약속을 주겠습니까? 하나님께서 자녀로 삼아 주시는 약속을 주셨으니, "하나님을 두려워하는 가운데서 거룩함을 온전히 이루도록" 하시옵소서. 살아가는 동안에 거룩함을 온전히 이루게 하시옵소서.

저는 이미 구원을 받았고, 거듭났으며 주님과 연합되었음을 믿습니다. 그런데, 구원을 받았음으로 만족하지 않고, 주님과의 밀접한 교제에 힘을 쓰게 하시옵소서. 날마다의 시간에서 "그가 내 안에, 내가 그 안에" 있음을 경험하는 삶으로 인도되기를 원합니다. 매일, 어디에서든 주님과 교제하는 뜨거운 관계를 누림으로 지내게 하시옵소서.

예수님의 이름으로 기도드립니다. 아멘. ♡

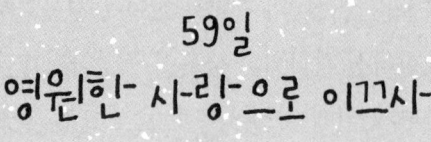

59일
영원한 사랑으로 이끄사
렘 31:3

하나님 아버지,

눈에 보이는 대로, 손에 가진 것으로 즐거움을 삼으며 영적인 생명에는 관심조차 없었습니다. 그런데 지금, 성령으로 믿음을 따라 의의 소망을 기다리며 지내게 하시니 감사합니다.

지금, 저에게는 하나의 소원이 있으니, 구원 이후의 은혜를 누리며, 지내기를 원합니다. 하나님의 자비하심으로 날마다 주님과 동행하면서 어제와는 다른 새 생명에로의 성장을 경험하게 하시옵소서. 날마다 더해지는 빛의 자녀로 살아가기를 소망하게 하시옵소서.

오늘은 바울의 말과 같이 저에게도 "내가 선한 싸움을 싸우고 나의 달려 갈 길을 마치고 믿음을 지켰으니 이제 후로는 나를 위하여 의의 면류관이 예비 되었다"는 것을 소망하게 하시옵소서. 저를 위해서 준비해 주신 의의 면류관을 바라보고 지내게 하시옵소서. 이로써 선한 싸움을 싸우는 데 진력하게 하시옵소서.

저를 자녀로 삼아 주신 그 은혜로 이끌어 주사 붙들어 주시옵소서. 잃었던 하나님의 형상을 회복시켜 주셨으니 저에게는 삶의 목적이 있음을 깨닫습니다. 하나님께 영광을 드리는 시간으로 삶을 살아가게 하시옵소서. 하나님을 영화롭게 해드림을 소원으로 삼습니다.

크리스천으로 사는 것이 천국에 들어가기 위한 수단으로 삼지 않고,

이 땅에서 하나님의 친 백성으로 지내는 것에 삶의 의미를 두게 하시옵소서. 저에게도 달려갈 길을 마치고 난 그 시각에, 하나님의 나라와 그 영광을 품게 하시옵소서.

오늘을 지내면서 하나님의 자녀로서 여호와 앞에서 흠이 없는 삶을 살기로 결단하게 하시옵소서. 제가 얻은 것이 아니라 저를 자녀로 삼아주신 은혜로 천국에 시민권을 가진 자가 되었으니, 세상에서 저 자신을 하나님께 구별하게 하시옵소서.

죄악이 만연되고 타락한 세상에서 믿음으로 사는 것이 어렵지만 세상의 일들을 거절하는 거룩함에 도전하게 하시기를 빕니다. 주님을 알기 전에 바라보았던 것들을 거절하게 하시옵소서.

제가 하나님의 은혜 안에서 믿음을 지키고, 넘어지지 않을 때, 흠이 없는 온전함에 이르는 영광을 취하게 됨을 믿습니다. 그의 생활과 그의 가정에도 성령님의 위로하심과 인도, 보호하심의 은혜가 있어서 희락이 넘치게 하시옵소서.

"너는 청년의 정욕을 피하고." 맞습니다. 지금, 제가 받아서 간직해야 될 말씀으로 삼게 하시옵소서. 정욕에 의한 유혹은 피하는 것이 정욕을 이기는 것이라 깨닫기를 원합니다. 어떤 경우에도 정욕의 유혹을 받을 환경을 거절하게 하시고, "의와 믿음과 사랑과 화평을 좇도록" 하시옵소서.

하나님께 온전함을 원하지만 때로는 더럽혀지고 있는 자신을 발견합니다. 죄를 짓지 않고, 거룩하게 사는 것을 오늘을 살아가야 하는 일차적인 목표로 삼게 하시옵소서. "하나님의 말씀을 지켜서" 여호와 앞에서 행실을 깨끗하게 함에 주목하게 하시옵소서.

예수님의 이름으로 기도드립니다. 아멘. ♡

60일
피난처가 되시는 하나님
시 91:1-2

하나님 아버지,

하나님의 아들이라 여겨주시고, 자유를 위하여 부르심을 입게 하셨지만 죄악의 본성에 내려 두지 않기를 다짐합니다. 자유로 육체의 기회를 삼지 않고 오직 사랑으로 서로 종노릇 하게 하시니 감사합니다.

하나님을 하나님으로 섬기며 믿게 하셨습니다. 하나님께 대한 저의 고백이 변하지 않게 하시옵소서. 하나님은 오늘, 성경의 사람들처럼 저에게도 주님이십니다.

하나님께서 세상과 함께 사람을 지으셨고 그 역사를 주관하시는 주인(왕)이심을 깨달았을 때, 저는 가슴이 벅차올랐습니다. 제가 하나님께로부터 지음을 받았고, 저에게 하나님의 형상을 주셨다고요? 솔직히 충격이었습니다.

하나님의 형상이 하나님을 대적하며 지냈고, 하나님이 없는 자처럼 살아왔다는 겁니다. 하나님의 형상에 대하여 깨닫게 하신 이 감동, 저의 생명이 끝나는 날까지 저의 가슴을 뛰게 하시옵소서.

뿐만 아니라, 하나님의 형상인 저를 위하여 저에게 피할 거처가 되어 주셨다는 말씀 앞에서 눈물을 흘리지 않을 수 없었습니다. 저를 키워 주신 어머니, 어머니는 언제나 저에게 둥지가 되어 주셨지만 어머니께서 살아 계셨을 때까지였습니다.

하나님은 저와 제게 주신 후손들에게까지 의지할 안전한 집이 되어주시겠는 약속을 믿으니 그대로 받게 하시옵소서. 저에게 피난처가 되어 주시고, 저의 후손들도 하나님의 품에서 피난처를 누리게 하시옵소서.
이제, 저는 저와 저의 후손들에게 행복을 선물해 주는 것은 하나님을 믿음이라고 깨닫습니다. 저희 후손들이 하나님의 백성이 되도록 복음을 전해주고 하나님을 섬기도록 이끌게 하시옵소서. 세상에서 지내는 동안에 하나님의 삶의 기업이 되어 주신다는 약속으로 깨닫습니다.
저로 말미암아 시작된 복음의 가정, 이제 저의 기도로 말미암아 복음의 2세대, 복음의 3세대로 이어지는 복을 내려 주시옵소서. 그 때 하나님은 저희에게 가장 복 되고 안전한 집이 되어 주시는 줄로 믿습니다. 원수의 손에서 자기 백성을 보호해 주시는 피난처가 되어주심을 믿게 하시옵소서.
이어서 저희 집안의 자자손손에게 하나님께서 안식처가 되어주신다는 약속에 감사하고 감사합니다. 저희 집안에서도 아브라함의 하나님, 이삭의 하나님, 야곱의 하나님의 거룩한 계보가 이어지는 것을 봅니다. 거룩한 집안으로 선택해 주셨음에 이제, 제가 드릴 것은 찬양의 제사라 깨닫습니다. 하나님을 저희 집안의 보장으로 삼게 해 주셨으니 영광을 드리게 하시옵소서. 할렐루야!
제가 자신의 의지와 감정대로 살면서 하나님의 도우심을 구하는 어리석은 자가 되지 않기를 원합니다. '흔들리지 않고'와 '영원히 있음'에 주목해서 하나님을 의지하고 신뢰함이 오늘의 삶에서 증거 되게 하시옵소서.
예수님의 이름으로 기도드립니다. 아멘 ♡

61일
하나님의 영으로 인도해주심
롬 8:14

하나님 아버지,

옛 사람의 저는 자기의 육체를 위하여 육체로부터 썩어질 것을 거두던 인생이었습니다. 그러나 지금, 성령을 위하여 심는 자가 되어 성령으로부터 영생을 거두게 하시니 감사합니다.

제가 누구인지요? 저에 대하여 "그리스도의 사랑"이라 하셨으며, 하나님의 아들이라고 하신 말씀을 기억하게 하시옵소서. 저는 하나님께 예정, 구속, 거듭남, 영광을 경험하는 은혜를 받았습니다. 하나님께서 예정하시고, 주님께서 구속하시고, 성령님께서 거듭나게 해주셨음을 믿습니다.

그래서 구원을 받았고, 이미 약속해 주신 영광에 이르게 하실 줄로 믿습니다. 지금은 성령님의 충만하심으로 몸의 죄악 된 행위들을 죽이는 삶이 되게 하셨으니 감사합니다. 어제와 같이 오늘도 성령님께서 저에게 충만히 임재하시고, 저에게 있는 육신적 삶을 꺾고 계십니다. 성령님께서 저의 육신적 삶을 죽여 하나님께 구별되어 지내게 하시니 오늘 제가 제일 먼저 해야 할 것은 성령님을 모심이라 믿습니다. 성령님께로 들어가 성령님께 저를 맡겨드리게 하시옵소서.

성령님께서 제 안에서 저와 동행하실 때, 비로소 제가 거룩함으로 지내게 되리라 믿습니다. 저를 혼자 지내도록 내버려두지 마시고, 성령님께서 들어와 주시옵소서. 그래서 어제보다도 더 많이 간섭해 주시고, 어제보다도 더 강하게 이끌어 주시옵소서. 죄의 본성을 나타내지 못하도록 성령님께서 죽여주실 때, 저는 비로소 하나님의 사람으로 오늘, 거룩하게 될 것을 믿습니다.

"영접하는 자 곧 그 이름을 믿는 자들에게는 하나님의 자녀가 되는 권세를 주셨으니"라고 언약해 주셨지만 성령님께서 이끌어 주시지 않으셨다면 제가 어떻게 예수님을 주님이라고 영접해 드렸을까요? 성령님께서 저를 감동해 주셔서 예수님을 뵈었던 것이지요.

예수라는 이름은 어렸을 때부터로 기억한다면 수백 번은 들었을 겁니다. 하나님도 아시지요? 그동안에 저에게 예수님을 믿으라고 했던 사람들이 얼마나 많았습니까? 그러하였던 저에게 성령님께서 예수를 주라고 알려 주셔서 나의 주님이라고 고백한 줄로 믿습니다,

오늘, 하나님 앞에서 제가 어떻게 해야 합니까? 하나님의 이름을 진실히 부르고, 성령님께서 이끌어 주심을 구하는 시간으로 오늘을 지내게 하시옵소서. 기도하는 그 시간에, 하나님께서 저에게 가까이 해주실 줄로 믿습니다. 저의 "소원을 이루어 주시고, 부르짖음을 들어" 위험에서 건져 주시려고 기도하게 하시는 하나님이십니다. 오늘의 한 날은 기도이게 하시옵소서.

신의 성품, 곧 주님의 마음에 참여케 하시려고 저를 불러주신 줄로 믿습니다. 제가 주님의 마음에 서 있을 때, 하나님의 뜻이 이루어짐을 깨닫습니다. 경건을 겉으로 보이는 거룩한 것으로 여기고 형제에 대한 사랑의 교제가 없다면 아닐 것입니다. 이에, "경건에 형제 우애를, 형제 우애에 사랑을 더하라"하심을 따라 순종하게 하시옵소서.

예수님의 이름으로 기도드립니다. 아멘 ♡

62일
하나님의 사랑이 부은 바 됨
롬 5:5

하나님 아버지,
이 세상이 있기도 전에 저를 하나님께서 아셨다는 것이 놀랍습니다. 세상을 지으시기도 전에, 그리스도 안에서 택함을 받게 하시고, 그 사랑 안에서 그 앞에 거룩하고 흠이 없게 하시니 감사합니다.
하나님의 저를 향하신 은혜와 사랑으로 오늘도 제가 신앙의 삶을 살아가고 있는 줄로 믿습니다. 그 은혜로 저에게 하나님을 가까이 하게 하시고, 그 사랑으로 성령님께 충만하게 하시옵소서. 제가 성령님을 원한다 해서 저에게 성령님이 오시는 게 아니고, 하나님의 저를 향하신 강권적인 사랑으로 말미암음이라 깨닫습니다.
측량할 수 없는 크신 은혜로 저의 삶을 보장해 주시니 하나님께로 나아가 감사하게 하시옵소서. 이 시간에 머리를 숙이니, 베풀어 주신 은혜가 감격스러워 눈물이 고입니다. 아무 공로가 없음에도 여호와의 자비하심을 누리니 감사할 따름입니다.
"다른 아무 피조물이라도 우리를 우리 주 예수 그리스도 안에 있는 하나님의 사랑에서 끊을 수 없느니라." 맞습니다. 이 말씀이 오늘, 저의 고백이 되게 하시니 찬미를 드리게 하시옵소서. 하나님의 사랑이 물이 쏟아짐처럼 저에게 부어지니 누가 막을 수 있겠습니까? 저는 그냥 감사로 받으며 그 사랑 안으로 들어가 몸을 적시게 하시옵소서.

인생의 삶의 모든 영역에서 제가 믿고, 의지할 분은 하나님이심을 고백합니다. 오늘, 저 자신의 모든 것을 진정한 신뢰의 대상이 되신 하나님께 맡기겠다는 마음을 주시옵소서. 이러한 자세가 하나님의 뜻을 인지하고 발견하기 위한 신앙의 근본적이고 제일가는 원리라는 사실을 깨닫게 하시옵소서.

저의 모습에서 복음을 보이고 저 자신이 복음으로 살아가게 하시옵소서. 저의 매일, 매일이 여호와를 마음에 모심으로써 천국 백성임을 스스로 증거가 되게 하시옵소서. 그 은혜가 저의 삶, 모든 부분에 나타나 크리스천의 삶이 전달이 되게 하시옵소서. 이로써 하나님의 말씀을 마음에 새길 때, 믿음이라는 물이 고이는 것을 경험하게 하시기를 빕니다.

저를 자녀로 삼아 주시며 구원에 이르게 하시고, 저로 말미암아 저의 가정에 생명의 빛이 비쳐들게 하신 하나님이십니다. 하나님께서 선택해 주신 가정에 복을 내리시는 여호와의 이름에 찬양을 드립니다. 하늘의 이슬과 땅의 기름짐이 되어주시기를 빕니다. 하늘의 하나님께 소망을 두고, 오직 기도와 감사로 지내는 은혜가 풍성하게 하시옵소서.

자기 백성에게 자비로우신 긍휼을 베푸셔서 저를 붙잡아 주시옵소서. 여호와 앞에서 경건하게 지내기를 원하지만 실제는 그렇지 못합니다. 그리고 환경에 눌려서 일시적으로 요동할 수 있음을 고백합니다. "영원히 흔들리지 않기를" 원하니 저를 붙들어 주시옵소서. 자신을 유혹에 넘겨줄지라도 믿음을 잃지 않고, 소망을 잃지 않고, 완전히 망하지 않도록 하시옵소서.

예수님의 이름으로 기도드립니다. 아멘. ♡

63일
허물을 도말, 죄를 기억하지 않으심
사 43:25

하나님 아버지,
천국 백성으로 삼아 주시려고 진리의 말씀으로 구원의 복음을 듣게 하신 하나님이십니다. 복음의 말씀을 믿어 약속의 성령으로 인치심을 받았음에 감사합니다.
저의 지난날에 지었던 죄가 하나님 앞에서 더럽고 추악했다 하더라도 주님께서 흘려주신 보혈로 저의 죄를 씻어 주시고 의롭다 여겨 주셨습니다. 하나님의 자녀라는 신분으로 저를 회복시켜 주시려고 저를 받아 주셨고, 죄 용서함의 은총을 베풀어 주셨습니다. 그 은혜를 기억하며 감사의 눈물을 흘리게 하시옵소서.
하나님께서 저를 용서해 주셨다는 사실을 기억하게 하시옵소서. 저에게 죄 값을 지불하라 요구하지 않으시고, 하나님의 아들을 십자가에 내어주셔서 죄 사함의 제물로 삼아 주셨습니다. 그 은혜 앞에서 결단의 눈물을 흘리게 하시옵소서. 하나님께서 아들의 피로 저를 사 주셨으니 하나님의 소유로 살아갈 결단을 하게 하시옵소서.
이 시간에 바람은 하나님의 것이 되어서 살아감에 요구되는 은혜를 내려 주시옵소서. 재물의 많고 적음에서 또한 누리는 것이 많고 적음에서 행복을 구하지 않고, 천국을 소유하고 있음이 기쁨이 되게 하시옵소서.

사람은 자기의 행위로 자신을 증거하므로 하나님의 말씀에 순종하는 영광에 이르게 하시옵소서. 주님의 피로 구속을 받았다는 것을 늘 기억하게 하시옵소서. 죄 사함의 은혜는 제가 목숨을 다하는 날까지 기억해야 할 거라 깨닫습니다. 하나님을 사랑하여 하나님의 말씀을 생명처럼 붙잡게 하시옵소서.

하늘에서부터 오는 말씀을 존귀하게 여기고, 그 말씀에 자신의 행복을 두게 하시옵소서. 그 말씀에서 영생의 복을 누리고, 말씀에 약속되어 있는 복을 다 받아 부족함이 없게 하시옵소서. 혹시라도 사탄이 훼방하여 하나님의 말씀을 가소롭게 여기지 않도록 하시기를 빕니다. 우리는 하나님의 말씀에 대한 소극적인 권고(잊어버리지 말고)와 적극적인 권고(지키라)를 따라야 함을 깨닫게 하시옵소서. 이스라엘 사람들에게 있어 가장 큰 복은 약속하신 말씀 안에서 오랫동안 행복하게 사는 것이었음을 기억하게 하시옵소서.

제가 살아가는 동안에, 주님을 향한 뜨거웠던 사랑이 식어지고, 믿음의 삶이 형식적인 모습으로 떨어질까 염려가 되기도 합니다. 이제도 지난 시간처럼 예수님을 구주로 만났을 때의 첫 사랑의 감사와 감격으로 지내게 하시옵소서.

저를 긍휼히 여기사 하나님의 구원하심을 기대하면서 오늘을 살아가게 하시옵소서. 오직, 하나님께서 자라게 하시며, 온전함으로 이끌어 주심으로 인도해 주시옵소서. 저에게 인자하신 그 은총으로 말미암아 오늘을 지내는 중에, "나무들과 같으며", "아름답게 다듬은 모퉁잇돌들과 같으며"의 은혜를 경험하게 하실 줄로 믿습니다.

예수님의 이름으로 기도드립니다. 아멘. ♡

64일
버리지 않고, 떠나지 않으심
히 13:5

하나님 아버지,
영원히 죽음에 처해져 있던 저였지만 허물로 죽은 이 인생을 그리스도와 함께 살려 주셨음을 믿습니다. 하나님 아버지의 은혜로 구원을 받았으니 감사합니다.
오늘, 하나님께서 저와 함께 해 주신다는 확신으로 한 날을 시작하게 하시옵소서. "너희를 버리지 아니하고 과연 너희를 떠나지 아니하리라."고 하신 말씀이 저에게 주신 언약이라고 믿습니다. 하나님께서 함께 해 주시는데 제가 저를 위하여 무엇을 하겠습니까? 저에게는 다른 것이 필요 없다고 깨닫습니다. 오직 하나님만 계시면 된다고 믿습니다.
하나님이 누구신가요? 세상의 만물을 지으시지 않으셨습니까? 그리고 사람에게 복을 주시며 "생육하고 번성하여 땅에 충만하라, 땅을 정복하라."고 하셨습니다. 지으신 것들을 사람에게 주시며 다스리라 하셨는데, 제가 살아가는 동안에 무엇이 부족하겠습니까? 저는 도리어 감사함으로 하나님 앞에 서게 하시옵소서. 저에게 주어진 오늘의 삶에 감사하며 만족함으로 찬양을 드리게 하시옵소서.
누가 저를 사랑하여 부족함이 없도록 해 주겠다고 약속합니까? 세상에서는 그 무엇도 저에게 만족하게 하지 못함을 알고 있습니다. 만족함을 주지도 못하는데, 그것들을 잡으려고 살아왔던 저를 불쌍히 여겨 주시옵소서. 이제는 저를 떠나지 않으시겠다고 약속해 주시는 하나님 앞에서 감사함으로 지내게 하시옵소서. 세상에서의 삶에 두려워하지 않고, 도리어 감사로 지내게 하시옵소서.

제가 염려하지 않음은 하나님께서 계셔 주심을 믿기 때문입니다. 제가 두려워할 필요가 없음은 하나님께서 저를 떠나지 않으시기 때문입니다. 사랑하시는 아버지께서 저를 지켜 주시리라 확신합니다.

이제, 저에게 거룩한 습관으로 세상을 살아가도록 이끌어 주시옵소서. 자신을 위한 욕망 때문에 남에게는 손톱 하나 만큼도 여유가 없던 저에게 욕망을 거두게 하시옵소서. 하나님께 감사하면서 이미 주어진 것들을 가지고 이웃에게로 나아가게 하시옵소서.

하나님께서는 저에게 함께 교회가 되라고 형제를 주셨다고 믿습니다. 저에게 주신 것으로 교회 공동체에서 형제와 자매 된 지체와 함께 나누고, 함께 먹으며 지내게 하시옵소서. 이 마음이 지금 제가 하나님께 드릴 것이라고 깨닫습니다. 저의 유익을 구하지 않는 삶이 하나님께 드릴 것이라고 생각합니다. 하나님께의 드림을 형제들과 함께 함에서 누리게 하시옵소서.

"어느 날에 너희 주가 임할는지"라는 주님의 말씀을 오늘도 듣기를 원합니다. 저의 심령이 깨어서 주님께서 원하시던 경건과 의와 사랑의 생활을 기쁘게 여기게 하시옵소서. 저에게 믿음이 있다는 증거로 오늘도 의롭고 거룩한 생활, 서로 사랑함을 실천하는 생활을 잇기를 원합니다. 오늘은 다시 오실 주님을 맞이함이 되게 하시옵소서.

예수님의 이름으로 기도드립니다. 아멘 ♡

65일
정한 마음, 정직한 영
시 51:10

하나님 아버지,
세상의 그 어떤 것으로 저의 죄를 한 주먹 만큼이라도 없애줄 수 있었 겠습니까? 죄인에게 나타내주신 하나님의 긍휼, 주님의 피로 말미암 아 속량 곧 죄 사함을 받게 하셨으니 감사합니다.

오늘은 하나님께서 저의 마음을 다스려 주시옵소서. 저의 마음에서 나오는 것이 악한 생각과 살인과 간음과 음란과 도적질과 거짓 증거와 훼방이라고 예수님께서 말씀하셨던 것을 생각합니다. 사람에게는 죄 악 된 본성으로 말미암아 선한 마음이 없다는 것을 깨닫습니다. 저에 게 "정한 마음을 창조해 주시며, 정직한 영을 새롭게 하시옵소서."

죄악 된 본성을 지닌 인간이라 그 누구도 하나님께 바르지 못하다고 깨닫습니다. 마음으로는 하나님께 온전하기를 원하지만 자신을 지배 하고 있는 죄악 된 본성으로 하나님께 설 수 없음을 확인합니다. 성령 님께서 정한 마음과 정직한 영을 주셔서 살아가게 하시옵소서.

제가 지금, 그리스도 안에 있습니까? 깨달아 알게 하시옵소서. "그런 즉 누구든지 그리스도 안에 있으면 새로운 피조물이라."고 하신 말씀 을 기억합니다. 성령님께서 제 안으로 들어오셔서 정결한 마음을 창 조하고, 정직한 영(인격)을 새롭게 해주셔야 될 줄로 믿습니다. 하나 님의 영으로 새로운 피조물로 만들어 주시옵소서.

하나님의 영의 역사가 없이는 저는 하나님의 사람으로 세워질 수 없음을 고백합니다. 성령님께서 저를 의롭게 해 주시고, 저의 심령을 담대하게 세워주시옵소서. 성령님께서 저의 심령을 견고하게 해 주실 때, 저는 여호와께 성결해질 수 있다고 믿습니다. 저의 연약함이 성령님께서 주시는 영으로 말미암아 견고해져서 거룩함에 이르고 의와 선을 실천하게 하시옵소서.

범죄 한 이스라엘 백성을 위해서 옛 언약을 폐하시고, 성령님으로 말미암아 새 언약을 주셨던 것처럼, 아브라함의 후손으로 삼아주신 저에게 새 언약으로 들어가게 하시옵소서. 여호와의 영으로 충만하게 하시옵소서.

제가 예수님을 믿고, 믿음의 집을 짓는 삶을 살아가는 시간에 오직 성령님께 충만하기를 원합니다. 성령님께서 저에게 하나님을 아바 아버지라 부르게 하심을 믿습니다. 성령님께서 저에게 거룩한 삶을 좇게 하시는 줄로 믿습니다. 성령님께서 거룩한 생각과 감정과 의지를 주시며 저에게 거룩한 삶의 원동력이 되어 주시옵소서.

오늘을 지낼 때, 하나님의 구원을 믿는 삶이 되게 하시옵소서. 간절한 마음으로 성령님께 충만하여 하나님과 교제하게 하시고, 교회의 지체와 하나 되어 섬기는 삶을 살게 될 것입니다. 그러므로 성령님께 마음을 내어드리고, 제 심령의 자리에 성령님을 모셔서 저를 구원해 주시는 하나님을 잠잠히 바라게 하시옵소서.

하나님은 누구십니까? 저에게 반석과 산성이 되시니 하나님만 의지하게 하시옵소서. 오늘을 살아가는 순간, 순간에 "내가 크게 흔들리지 아니하리로다."라고 찬양을 드리게 하시옵소서.

예수님의 이름으로 기도드립니다. 아멘 ♡

66일
죄를 자백하는 생활
요일 1:9

하나님 아버지,

전에 저의 삶은 죄악의 본성이 이끄는 대로였습니다. 육체의 욕심을 따라 지내며 육체와 마음의 원하는 것을 했던 본질상 진노의 자녀였더니 지금은 의의 백성이 되어 감사합니다.

오늘, 죄 사함의 은혜를 경험하면서 하나님께의 교제를 누리는 삶을 결단하게 하시옵소서. 죄를 인정하고, 고백하여 저 자신을 속이거나 하나님께 감추지 않게 하시옵소서. 제가 죄를 자백하면 하나님께서는 "주홍 같을지라도 눈과 같이 희어질 것이요 진홍같이 붉을지라도 양 털같이" 되게 하실 줄로 믿습니다.

죄를 찾아내어 인정하고, 고백하는 은혜, 이 은혜가 저를 크리스천으로 살아가도록 하실 줄로 믿습니다. 저에게 죄를 인정하고, 죄를 고백하게 하시옵소서. 죄에 대하여 민감하게 하시옵소서. 죄를 회개하지 않아서 죄에 대하여 둔해지고, 겉으로만 의로운 척하지 않기를 원합니다. 자신을 속이지 않으며, 하나님께 정직하게 하시옵소서.

오늘도 제가 죄를 지었음에 대하여 인정하고 그 앞에 고백하는 것을 원하시는 하나님이십니다. 죄를 고백하여 사함의 은혜를 경험하며 거룩성을 유지하여 빛 된 삶을 살아야 한다는 것을 깨닫습니다.

죄로 말미암아 오염이 된 저의 심령을 깨끗하게 하는 것은 저의 의무라 여깁니다. 늘 주의하여 죄를 살피고 회개하게 하시옵소서.

죄에 대하여 아파하게 하시옵소서. 지은 죄로 말미암아 눈물을 흘리게 하시옵소서. 죄를 지어 심령에 상처가 되었음을 아파하게 하시옵소서.

죄에 대해 깊이 슬퍼하고 철저히 '애통하는 자'의 자리에까지 나아가는 은혜를 내려 주시옵소서. 저와 하나님 사이를 갈라놓는 불의함에 대하여 애통하게 하시옵소서.

죄의 고백과 죄 씻음을 통해서 의롭고 거룩한 삶을 유지하도록 하시는 하나님의 은혜에 감사합니다. 하나님은 자기의 언약에 대하여 어떻게 하십니까? 하나님은 자신의 약속에 대하여 신실하시며, 의로우신 줄로 믿습니다. 그렇게 때문에 제가 죄를 고백하면 용서해 주시고 모든 불의에서 깨끗하게 해 주실 것을 확신합니다.

하나님은 늘 저에게 미쁘신 분이시라 감사합니다. 하나님께서 저에게 죄 사함을 약속해 주셨음을 확신합니다. 하나님의 미쁘심으로 제가 죄 지었음을 고백하면 사함의 약속을 이행해 주실 것을 믿습니다.

죄를 인정하고, 고백하여 죄 사함을 확신하고 이로 말미암아 하나님의 미쁘심을 누리는 은혜, 그 은혜 안으로 들어가게 하시옵소서.

죄 사함의 은총으로 다시금 제가 빛 된 삶의 위치를 놓치지 않도록 결단하게 하시옵소서. 위엣 것을 찾고 위엣 것을 생각하며, 땅엣 것을 찾거나 땅엣 것을 생각하지 말라고 하셨습니다. 땅엣 것을 생각하다가 스스로 미혹되어 죄를 짓지만 그 죄를 자백하여 하나님께 거룩함을 유지하게 하시니 감사합니다.

예수님의 이름으로 기도드립니다. 아멘 ♡

67일
자신을 포기하고 하나님께 맡기라
시 37:5-6

하나님 아버지,
저는 그리스도 밖에 있었고, 영적으로 이스라엘 나라 밖의 사람이었습니다. 그래서 외인이요 세상에서 소망이 없고 하나님도 없는 인생을 약속의 언약 안으로 들어오게 하시니 감사합니다.
주님께서 저를 처음 만나주셨을 때의 사랑을 기억하게 하시옵소서. 성령님께서 저의 마음을 감동하사 저에게 복음을 들려주셨던 그 시간으로 보내 주시옵소서.
처음으로 교회에 가서 하나님을 아버지라고 불렀던 은혜의 시간을 기억하게 하시옵소서. 태어나서 처음으로 하나님을 아버지라 했음에도 전혀 어색하지 않았었습니다.
찬송가를 찾아 따라 부르기도 어색하였지만 무언가 형언하기 어려운 감동과 감격, 지금 돌아보니 성령님께서 함께 하심이셨습니다. 하나님의 강권하심의 은혜 안에서 예수님을 구주로 고백하였던 뜨거움을 다시 만나게 하시옵소서.
언제나 주일은 저에게 은혜의 시간이기를 원합니다. 예배당을 찾아 앉을 때마다 첫 시간의 은혜를 간직하게 하시옵소서.
이 시간에는 하나님께서는 마음을 다하여 여호와를 신뢰하는 자와 함께 하심을 확신합니다. 하나님께 자신을 맡길 때, 저와 함께 하시고,

인생을 인도해 주시는 복을 경험하기를 원합니다.

오늘을 지낼 때, 여호와를 기뻐하면서 저의 길을 하나님께 맡기는 한 날로 지내게 하시옵소서. 제가 세상에서 시험에 드는 이유를 알게 해 주셨습니다. 그것은 하나님보다 세상을 더 사랑하기 때문이었습니다. 하나님을 사랑하여 세상의 재물이나 명예, 또는 권력에 의해 흔들리지 않음을 스스로 확인하게 하시옵소서.

하나님께서 저에게 오셔서 네가 내게 맡긴 것이 무엇이냐 물으실 때, 대답해 드리게 하시옵소서. 대충, 얼렁뚱땅 맡김이 아니고, 구체적으로 맡기게 하시옵소서. 저의 인생을 하나님께 드렸나요? 제가 매일을 살아가는 소용되어야 하는 돈을 맡겼나요? 용서해 주시옵소서.

저의 삶에 하나님의 인도해 주심을 구하게 하시옵소서. 하나님의 사람으로 살려는 그에게 마귀의 유혹이 침범하지 못하게 하시고, 구원을 받기 전의 더러운 생활에 대한 미혹을 받지 않게 하시옵소서.

마음으로 생각하는 것이나 저의 인생에 계획되는 모든 것을 여호와께 맡김으로써 하나님께서 저에게 주님이 되어 주시옵소서. 이제, 하나님의 특별하신 계획이 저 자신과 저의 집안의 식구들에게 나타나기를 축복합니다.

이에, 자신을 돌아보되, 주님 안에서 행하고 있는가를 살피게 하시옵소서. "그리스도 예수를 주로 받았으니 그 안에서 행하라." 하신 말씀에 순종하기를 원합니다. 예수님을 주님으로 영접한 자로서의 고백과 그 믿음을 시인하는 삶이 저의 오늘에서 증거 되게 하시옵소서.

예수님의 이름으로 기도드립니다. 아멘.♡

68일
의의 길로 인도하심
시 23:3

하나님 아버지,

전에는 하나님의 의에서 멀리 있었고, 주님을 알려고도 하지 않고 지냈습니다. 하나님의 긍휼하심으로 예수 안에서 그리스도의 피로 가깝게 하시니 감사합니다.

하나님께서는 자기의 욕심에 미혹되어서 방황하는 사람을 옳은 길로 돌아올 수 있도록 인도해 주심을 깨닫습니다. 인생의 여정에서 지치고 낙심한 영혼들에게 말씀의 꿀과 성령의 생수를 마시게 하여, 힘을 회복하도록 하심을 확신합니다. 그들을 찾아 회복시켜 주시기 때문에 하나님을 선한 목자라고 부른다는 것을 알게 되었습니다.

그 하나님이 바로 저에게 하나님이시라는 사실이 오늘, 저를 흥분하게 합니다. 누가 저에게 하나님이 누구시냐고 물을 때, 답을 줄 수 있게 하시니 감사합니다. 하나님께서 저에게 주신 은혜가 바로 회복이라고 말해 줄 수 있게 하셨습니다. 길을 잃고 방황하던 저에게 오셔서 회복시켜 주신 후에, 바른 길로 인도해 주셨습니다.

하나님의 인도는 한 번이 아니라 날마다, 언제나의 인도라고 믿습니다. 그래서 오늘도 제가 하나님께 간구하니 인도해 주시옵소서. "자기 이름을 위하여 의의 길로 인도해" 주시옵소서. 저를 인도해 주셔서 제가 하나님의 백성이라는 것을 세상으로 알게 하시옵소서. 제가 바로 여호와께 존귀한 자녀라는 것을 증거 해 주시옵소서.
저를 인도하심의 방향은 하나님께 의를 이루어드림이라 깨닫습니다. 의를 이루어 드림을 저의 삶의 방향으로 삼게 하시옵소서. 이것이 바로 하나님의 뜻이며, 저에게서 성취되어야 될 성도의 삶이라고 확신합니다.

주님께서 십자가에 달려 죽으심은 하나님의 의를 이루심이셨습니다. 주님이 의를 제가 가졌은즉, 오늘도 의를 이루어 드리는 한 날로 삼게 하시옵소서.

저에게 살아가라고 주신 시간을 이미 하나님께서 의롭게 하시지 않으셨습니까? 제가 살고 있는 오늘이 하나님께 의를 성취해 드림이 되기를 원합니다. 저의 마음과 생각이 하나님께 의가 되게 하시옵소서. 저의 말과 행동이 하나님께 의가 되게 하시옵소서. 제가 만나는 사람들, 그리고 만나야 될 사람들에게 하나님의 의를 나타내게 하시옵소서.

의의 길로 들어설 때, 하나님께 영광이 됨을 깨닫게 하셨습니다. 하나님께서 이끌어 주시는 의의 길에서 걷게 하시옵소서. 주님께서 세상에 계실 때, 아버지께서 일하시니 나도 일을 한다고 하셨던 것처럼, 주님의 길을 걷게 하시옵소서. 그리하여 의의 길로 인도를 받게 하시옵소서.

생명에 이르는 복음을 주셨으니, 이 복음을 간직하고 살아가게 하시옵소서. "바른 말을 본받아 지키고"라고 하신 말씀을 마음에 담아, 저에게 주신 진리를 붙잡아 생명에 이르기를 원합니다. 혹시라도 사람들의 말에 혹하여 바른 말에서 떠나지 않게 하시옵소서. 교리적으로나 윤리적으로 어긋난 것에서는 단호하게 돌아서게 하시옵소서.

예수님의 이름으로 기도드립니다. 아멘 ♡

69일
거룩한 믿음 위에 자신을 세우며
유 1:20

하나님 아버지,

하나님께서 구원하시기로 작정된 사람으로 저를 선택해 주셨습니다. 이제부터는 외인도 아니요 나그네도 아니요 오직 성도들과 동일한 시민이요 하나님의 권속으로 삼아주시니 감사합니다.

하나님께서 저를 홀로 신앙생활 하도록 하지 않도록 교회를 주신 줄로 믿습니다. 공예배와 구역으로 모이는 성경공부 그리고 성도의 교제를 통해서 복음을 전해 받게 하시고, 진리를 배우게 하시옵소서. 깨달아 알게 하시는 성령님께 순종하고 실천하면서 뿌리를 내리는 신앙의 삶을 살아가도록 이끌어 주시옵소서.

오늘을 시작하면서, "자신을 세움에" 주목하게 하시옵소서. 믿음의 집을 짓고 거기에서 살아가야 한다고 깨닫습니다. 제가 믿음을 갖는다고 할 때, 제 생각에 따라 믿는 생활을 하지 않게 하시옵소서. 저에게 주신 교회 공동체 안에서 이미 믿음을 갖고 있었던 선배 신앙인들을 롤 모델로 삼아 믿음의 집을 지어가게 하시옵소서.

○○교회는 그리스도 안에서 터가 잡혀 있다고 믿습니다. 저를 이 교회로 이끌어 주신 분은 성령님이라고 믿습니다. 이제, 저는 교회 안에서 선배 신앙인들에게 열려 있게 하시옵소서. 그들로부터 실천적 믿음에 대한 도전을 받고, 하나님의 말씀을 바르게 배우게 하시옵소서.

오늘을 사는 한 날도 저의 삶은 하나님 앞에서 성숙이기를 원합니다. 주 안에서 자라가는 것을 경험하게 하시옵소서. 거룩한 믿음에 자기를 세우라고 하셨지요? 무엇이 거룩한 믿음입니까? 바로 성경의 진리에 토대를 두고서 만들어진 신앙이라고 깨닫습니다. 복음에 의해서 만들어진 믿음의 삶이라 여깁니다. 하나님께 구별된 사람이 가져야 하는 믿음인줄로 믿습니다.

믿음은 하늘 백성의 것이지 세상으로부터 취해지는 것이 아님을 배우게 하셨습니다. 저의 신앙을 세상적인 윤리나 가치를 구하는 것으로 기준을 삼지 않게 하시옵소서. 세상적인 기준이나 평가, 그리고 사람들이 말하는 윤리에 믿음의 근거를 두지 않게 하시옵소서.

제가 믿음을 가질 때, 하나님과 그의 보내신 자 예수 그리스도를 믿는 것에서 갖게 하시옵소서. 아직, 성도로서의 지식에 부족하지만 믿음은 하나님의 나라에 대한 것이라 배웠음에 감사합니다. 믿음은 세상의 것이 아니고, 하나님의 나라에 속한 것이라 깨닫게 하심에 감사합니다.

제가 누구였습니까? 지옥에 들어갈 자였잖아요? 저에게 구원을 받아 천국으로 들어가도록 해주셨습니다. 이것이 믿음인줄로 믿습니다. 매일, 매 순간에 죄를 버리고, 죄 사함과 의롭다 하심을 구하게 하시옵소서.

이제, 하나 더 전도자의 일을 하게 하시옵소서. 하나님의 친 백성으로 삼아 주시면서 신중하여 고난을 받으며, 전도자의 일을 하라 하셨는데 이 땅에서 있는 시간에 자신을 세우는 것이라 깨닫습니다. 귀한 직무를 수행하며, 완수하기 위해서 기도하게 하시옵소서.

예수님의 이름으로 기도드립니다. 아멘 ♡

70일
그의 나라와 그의 의를 구함
마 6:33

하나님 아버지,

이방인들이 복음으로 말미암아 그리스도 예수 안에서 함께 상속자가 되고 함께 지체가 되고 함께 약속에 참여하는 자가 됨이라는 언약을 누리게 하시니 감사합니다.

예수님을 믿으면서 순서가 있음을 배우게 하신 하나님이십니다. 먼저 해야 할 것과 나중에 해도 될 것이 있음을 깨닫습니다. 먼저라는 것에 방점을 두고 하신 주님의 말씀도 있는 것을 깨달았습니다. '먼저' 라는 주님의 말씀에 우선하게 하시옵소서.

예수님의 말씀을 듣는 귀, 들을 귀가 있게 하시며 주님의 말씀 중에서 '먼저' 가 나오는 것에는 목숨을 걸고 순종하게 하시옵소서. '먼저' 라는 말씀에는 언제나 그것이 하나님과 관련이 있는 줄로 믿습니다. 저에게 주님의 말씀을 소홀히 여기지 않도록 은혜를 내려 주시옵소서. 주님의 말씀에 순종함을 저에게 복으로 삼게 하시니 감사합니다.

저에게는 '먼저' 가 언제나 하나님이기를 원합니다. 사람이 구하는 행복이 하나님 안에 있고, 불행은 하나님을 떠나는 데 있음을 기억하게 하시옵소서.

결코 하나님보다 현실을 더 중요하게 여기지 않게 하시옵소서. 제가 하나님을 현실보다 더 중요하게 여긴다면 저의 인생은 실패하거나 실망하지 않을 줄로 믿습니다.

그래서 그의 나라, 하나님의 나라를 구함에 주목하게 하셔서 하나님의 구원과 통치 그리고 예수님에 의해서 이미 시작된 메시야의 왕국에 마음을 두게 하시옵소서. 예수님을 믿음은 메시야의 왕국에서 지내는 것임을 확신합니다. 하나님의 나라를 구하라 하셨으니, 하나님께 속한 백성이 많아지도록 하는 것을 저에게 사명으로 주신 줄로 믿습니다.

주님께서 주신 말씀을 듣고 버리지 않고, 그 말씀에 순종하여 실천하는 삶, 그것이 하나님의 의를 구함이라 믿습니다. 저의 인생이 하나님의 뜻에 온전히 복종되어지는 삶이 되게 하시옵소서. 은밀한 중에 보시는 아버지 앞에서 살아드리는 삶으로 인도해 주시옵소서.

하나님의 말씀대로, 주신 법도대로, 하나님의 뜻대로 순종하며 사는 것에 기뻐하게 하시옵소서. 전에, 제가 어떻게 살았는지 아시지요? 하나님을 아는 것에 관심을 기울이지 않았고, 제가 좋으면 그것을 선택해서 살았던, 제가 바로 주인이었습니다. 지금은 저에게 주님께서 원하시는 삶을 살라고 하시고, 그 삶을 따르게 하셨으니 감사합니다.

이 땅에서 저에게 보여주신 하나님의 의는 예수님이시라고 믿습니다. 주님께서는 저에게 지혜와 의로움과 거룩함과 구속함이 되셨다고 깨닫습니다. 그리고 주님은 모든 믿는 자에게 의를 이루기 위하여 율법의 마침이 되신 줄로 믿습니다.

오늘 한 날의 소원은 예수님을 바르게 믿는 것이 되기를 원합니다. 제가 구해야 될 의는 예수님뿐이시라고 깨닫습니다. 제가 예수님을 믿되 주님께서 원하시는 대로 믿어 하나님의 의를 구하게 하시옵소서. 예수님의 이름으로 기도드립니다. 아멘 ♡

71일
섬기는 자가 되자
막 10:43-45

하나님 아버지,

오늘도 믿음으로 말미암아 그리스도께서 저의 마음에 계시기를 구하면서 하루를 시작합니다. 주님의 사랑이 저의 사랑이 되어 그 안에서 뿌리가 박히고 터가 굳어지게 하심을 감사합니다.

하나님의 나라를 구하는 삶은 세상과 반대에 서야 한다는 것에 도전을 받게 하시옵소서. 세상에서는 땅의 것을 추구하지만 하나님의 사람은 그 반대의 자리에 있음을 깨닫습니다. 제가 교회에 속함은 세상으로부터 혼자가 되는 것임을 알게 하셨으나 담대하게 하시옵소서.

저의 생각이나 말이 하나님 나라의 원리로 바뀌어 지게 하시옵소서. 지금까지 함께 지냈던 친구들, 제 주변에서 함께 하던 이들로부터 따돌려질지라도 저는 세상과 함께 할 수 없음을 받아들이고, 천국 백성의 삶을 선택하게 하시옵소서.

오히려 세상에 대하여 반대의 생각을 갖게 하시옵소서. 전에는 세상으로부터 대접을 받으려 했는데, 이제는 세상을 섬기게 하시옵소서. 사람들을 알아주고, 그들에게 너그러워지며, 그들을 높이게 하시옵소서. 제가 얻고 했던 것들을 그들에게 주도록 하시옵소서.

주님께서 세상을 얼마나 사랑하시는지요? 주님은 세상을 사랑하셔서 자신의 목숨을 내어주셨습니다. 오늘을 지내면서 제가 주님이 마음에서 10분의 1만큼이라도 갖게 하시옵소서. 그리하여 하나님의 나라를 구하는 삶으로 살아드리게 하시옵소서.

저에게 세상에서 무엇을 얻고자 세상을 바라보지 않고, 주님께로부터 받은 것을 세상에게 내어주게 하시옵소서. 세상을 향해서 종노릇을 하려고 세상으로 가지 않고 세상을 섬기려고 사랑하게 하시옵소서.

사랑으로 세상을 보고, 섬김으로 세상을 가까이 하게 하시옵소서.

사람마다 으뜸이 되기를 좋아하고, 저도 한 때는 그러하였다는 것을 주님께서도 아시지요? 제가 지옥 백성으로 지낼 때는 한 사람이라도 더 제게 굽실거려야 흐뭇했지요.

예수님께서 죄와 죽음에서 인생을 구하시려고 속죄의 제물이 되셨음을 믿습니다. 저에게도 주님을 따라 세상을 섬기게 하시옵소서. "하나님의 나라에서는 섬기는 자가 크다." 이 말을 저의 손에 새기게 하시옵소서.

주님의 이름으로 세상을 섬기게 하시옵소서. 오늘, 한 날의 삶은 하나님께서 저를 세상으로 보내시면서 섬기라 하심인 줄로 믿습니다. 섬기는 데는 명예나 직분이 필요하지 않다는 것도 깨닫습니다. 섬기는 데는 무슨 복잡한 절차도 필요하지 않다는 것도 깨닫습니다. 그냥 섬기게 하시옵소서.

주님께서는 대속의 죽음으로 세상을 섬겨주셨다고 깨닫습니다. 저에게 하나님을 섬기며, 성도를 섬기게 하시옵소서. 그리고 하나님께로 돌아와야 할, 하나님의 잃어버린 생명들을 섬기게 하시옵소서. 섬김으로 오늘을 지내게 하시옵소서.

예수님의 이름으로 기도드립니다. 아멘 ♡

72일
불화한 자와 화목하라 이것이 예배 준비다
마 5:23-24

하나님 아버지,

불과 얼마 전까지만 해도 저는 어둠의 인생이었습니다. 예수님을 구주로 영접하게 하시고, 이제는 주 안에서 빛이라 빛의 자녀들처럼 행하라 하시니 감사합니다.

"예물을 제단 앞에 두고 먼저 가서 형제와 화목하고 그 후에 와서 예물을 드리라"는 말씀을 받습니다. 형제와 불화한 상태라면 예배할 수 없다는 의미이며, 하나님께 예배가 되지 않는다는 말씀인 줄로 믿습니다. 사람과의 관계가 하나님께로 나아가는 것이라 깨닫습니다.

그렇다면 저에게 늘 있어야 될 은혜를 구하게 하시옵소서. 하나님께로 나아갈 때마다 형제에게 원망 들을 일에 대해서 생각나게 하시옵소서. 만일, 저의 실수나 잘못으로 실족하게 된 형제가 있다면 예배하기 전에 화목하게 하시옵소서. 만일, 저에게 이웃을 분노하게 한 일이 있다면 예배하기 전에, 예배를 위해서 그 분노를 풀게 하시옵소서.

사람과의 관계를 하나님께로 이르는 조건이 되게 하셨음이라고 깨닫습니다. 맞습니다. 예수님께서 주신 새 계명은 하나님을 사랑하고, 이웃을 사랑하라는 것이셨지요. 이웃을 사랑함에 모자란다면 그것은 하나님을 사랑함에도 부족한 것이라고 믿습니다. 하나님을 사랑하는 자에게는 당연히 이웃을 사랑함이 따른다는 것을 마음에 새깁니다.

저에게 부족한 것은 정말로 이웃과 화목하지 못한다는 것이었습니다. 용서해 주시옵소서. 저로 말미암아 상처를 입고 있고, 저에게 화가 나 있는 사람을 제쳐 두고 예배한다고요? 정말로 위선이었습니다. 행위로 예배하는 의식을 치렀을 뿐, 하나님께는 예배가 아닌 것을 깨닫습니다. 오늘, 그것은 예배가 아니라고 가르쳐 주시는 줄로 믿습니다.

사실, 조금은 어색할 수 있든지 쑥스럽기도 하겠지만 오늘 중으로 저와 불화한 관계에 놓여 있는 사람에게로 가게 하시옵소서. 저에게 용기를 주셔서 그를 찾게 하시옵소서. 제가 화를 나게 하지 않았는데 저에게 분노하는 자를 찾아가 주님의 손을 내어밀게 하시옵소서.

저는 오늘도 하나님께 용서를 받은 자로서 그 받은 용서로 이웃에게 베풀도록 하시옵소서. 이로써 예배하는 의식을 위해서가 아니라, 예배자로서 이웃과 화목한 관계를 누려야 한다는 것을 깨닫습니다. 저는 하나님께 자녀이므로 세상에서 이웃과 화목함을 누리고, 그를 섬겨야 할 줄로 믿습니다.

저로 말미암아 하나님의 사랑을 전하게 하심에 감사합니다. 저에게 주님의 이름이 되어 이웃을 사랑하기를 원하시는 하나님을 깨닫게 하십니다. 상대가 예수님을 믿든지, 또는 그렇지 않더라도 사랑으로 다가가게 하시옵소서. 만일 제가 교회에서 교제하는 지체만 사랑한다면 하나님의 사람이 될 수 없음을 확인하게 하시옵소서.

성령님께서 저를 강권해 주시기를 빕니다. 성령님의 이끌어 주심으로 이웃에게 까닭 없이 노하지 않고, 그를 경멸하여 욕하거나 미워하지 않고, 그에게 원망들을 일을 하지 않고, 사랑으로 화목하게 하시옵소서. 오직 성령님께서 화목하게 해 주시옵소서.

예수님의 이름으로 기도드립니다. 아멘 ♡

73일
용서하자, 하루에 일곱 번이라도
눅 17:3-4

하나님 아버지,

주님의 보혈이 저를 흠이 없고 순전하게 해 주셨습니다. 어그러지고 거스르는 세대 가운데서 하나님의 흠 없는 자녀로 세상에서 그들 가운데 빛들로 나타내기를 원하게 하시니 감사합니다.

오늘, 하나님께 용서받은 자로서 이웃에 대한 용서함을 배우게 하시옵소서. 하나님은 저의 불의에 대하여 진노하시지만 제가 회개하면 용서해 주시는 줄로 믿습니다. 회개와 용서는 하나님의 공의에서 이해되어야 한다고 깨닫습니다.

하나님은 사람의 죄를 용납하지 않으시지만 자기의 죄를 회개한 자에게는 사하심의 은혜를 내려 주십니다. 이처럼 저에게도 자기의 과실을 사과한 사람에게는 용서하게 하시옵소서. 저에게 잘못한 자에게 미워하는 마음으로 있지 않고, 그가 저에게 사과해 오기를 기다리게 하시며, 용서하게 하시옵소서.

하나님께서는 제가 이웃에 대하여 사랑으로 다가가기를 원하신다고 깨닫습니다. 이웃의 죄에 대해서는 단호하게 나무라지만 그가 진심으로 회개할 때는 그를 용서로 받아주게 하시옵소서. 잘못에 대한 나무람과 과실의 인정에 대한 용서로 그를 사랑하게 하시옵소서. 이로써 이웃을 하나님의 공의로 섬기게 하시옵소서.

용서와 관련해서 이웃의 범죄를 용납하지 않게 하시옵소서. 제가 만일, 그의 범죄를 용납하여 신앙적, 도덕적 방종과 해이에 떨어질까 염려하게 하시옵소서. 진정한 사랑이 아니며, 형제 사랑의 남용일 것입니다. 용서라는 이름의 사랑으로 이웃을 섬기게 하시옵소서.
그러나 동시에 그의 회개를 거절하지도 않게 하시옵소서. 그가 자신의 과실을 인정하며 용서를 구할 때, 받아주지 않고 거절하여 독선과 교만에 떨어질까 염려하게 하시옵소서. 그것은 이웃 사랑에 대한 계명을 어기는 일이며, 하나님의 공의에서 멀어지는 것이 되겠지요.
이웃을 용서하라고 하시면서 "내가 회개하거든"이라고 하신 말씀에 방점을 두게 하시옵소서. 자신의 과실을 회개하는 자를 받아주라는 것으로 믿습니다. 이웃과의 교제에 있어서 그를 받아줌이 우선이라는 것을 배웁니다. 하나님께서 저를 받으심과 같이 저도 이웃에 대하여 받아주기를 준비하며 지내게 하시옵소서.
하루에 일곱 번이라도 용서하라고 하신 주님이 말씀을 마음에 새기게 하시옵소서. 어떤 사람이 일곱 번이나 죄를 짓겠습니까? 사람은 그만큼 연약하다는 것을 깨닫습니다. 사람이 자기의 결심만으로 자신이 세워질 수 있다면 그는 자기의 결심으로 한 번도 죄를 짓지 않겠지요. 하나님께서 저를 받아주심을 생각합니다.
일곱 번 죄를 짓고, 일곱 번 회개한다면 일곱 번을 용서하여 죄를 지은 자에 대한 용서는 제한이 없음을 배우게 하셨습니다. 사실, 저 자신이 하나님께로부터 제한이 없는 용서를 받으며 살아오고 있음을 기억하게 하시옵소서. 저에게 이웃을 용서하게 제가 하나님께 용서를 받고 있다는 것을 확인하게 하시옵소서.
예수님의 이름으로 기도드립니다. 아멘 ♡

74일
재물을 섬김을 거절하자
마 6:24

하나님 아버지,

그가 우리를 흑암의 권세에서 건져 내사 그의 사랑의 아들의 나라로 옮기셨으니 감사합니다. 어둠에서 종노릇을 하면서 지내는 삶이 전부였던 저에게 자유를 누리게 하셨음을 기억합니다.

예수님을 믿으면서 제가 받은 선물들 중에서 제일은 자유라고 깨닫습니다. 세상의 권세자에게 사로잡혀서 지내던 지난날, 세상에서 사는 것은 저에게 종으로 지내도록 했습니다. 무엇에나 종이 되어서 지냈고, 재물에 대하여서는 쫓으면서 지내야 하였습니다.

오늘, 저는 "땅을 정복하라."는 말씀을 축복으로 받습니다. 여태까지 살아오면서 단 한 번도 재물을 정복해보지 못하고, 오히려 정복을 당해서 지내야 했습니다. 재물을 다스리며 누렸어야 했는데 도리어 정복을 좇으며 노예처럼 살아야 했던 불쌍한 인생이었습니다. 재물이 저에게 주인이었던 것이었지요.

저는 참으로 어리석었습니다. 아니, 저를 지켜주실 하나님이 없어 재물로 하나님을 삼았던 것이었지요. 재물에 도움을 기대하였기 때문에 목숨처럼 귀하게 섬겼던 것이었지요. 그러하였는데 지금, 재물은 결코 하나님이 될 수 없음을 깨닫게 하시니 감사합니다.

재물은 저에게 더 이상, 섬김의 대상이 될 수 없다는 것을 선포합니다. 예수님께서 구주가 되어 주시고, 하나님을 아버지로 선택하게 하셨기 때문입니다. 이제부터는 재물을 좇지 않고, 하나님을 기다리며 지내게 하시옵소서. 재물을 구하지 않고, 하나님의 나라를 바라게 하시옵소서. 하나님께서 저에게 주시는 대로 감사하며 사용하게 하시옵소서.

세상에서 지내는데 재물은 요긴하지만, 재물을 사랑하여 저에게 우상숭배 죄가 되지 않기를 원합니다. 재물에 대한 태도가 하나님을 사랑하는 마음과 비교되지 않게 하시옵소서. 하나님께서 원하시면 언제라도 내어드리게 하시옵소서. 하나님께 영광을 드리는 삶에 재물을 사용하게 하시옵소서.

예수님께서 부자 청년에게 하셨던 말씀, "네가 온전하고자 할진대 가서 네 소유를 팔아 가난한 자들을 주라."는 말씀을 저의 것으로 받습니다. 저에게 은혜를 내려 주셔서 하나님께 자녀로서 온전함에 이르게 하시옵소서. 이제부터는 가난한 자들과 함께 하게 하시옵소서.

가난한 자들이 누구입니까? 하나님께서 그들을 사랑하시는 줄로 믿습니다. 그들도 하나님의 자녀들입니다. 저에게 있는 것으로 나누고, 베풀어서 그들과 함께 하게 하시옵소서. 그들에게로 다가감으로 제가 하나님의 자녀라는 것이 증거 되게 하시옵소서.

제가 누구이어야 합니까? "우리의 시민권은 하늘에 있는지라."고 하셨습니다. 천국 백성이라는 것을 새롭게 생각하게 하시옵소서. 세상의 것에 마음을 두지 않고, 신앙의 달음질을 잘 하며 경건하게 지내기를 결단하게 하시옵소서. 이로써 "구원하는 자 곧 주 예수 그리스도를" 기다리는 대열을 지키게 하시옵소서.

예수님의 이름으로 기도드립니다. 아멘 ♡

75일
제1계명-다른 신들을 네게 두지 말라
출 20:1

하나님 아버지,

오늘, 저에게 거룩한 소원을 주시고, 찬양하게 하셨습니다. 전에는 하나님을 알려고도 하지 않았는데, 주님 안에 있는 구원을 영원한 영광과 함께 받았음에 그 은혜를 찬송하며 지내니 감사합니다.

하나님께 믿음의 사람으로 세워지기 위하여 십계명의 말씀으로 기도하기를 원합니다. 하나님의 백성에게 주신 열 계명의 계명을 사랑하게 하시옵소서. 이 계명으로 성도의 온전함에 이르게 하시옵소서.

저에게 하나님은 오직 여호와시라는 것을 믿게 해주셨습니다. 제가 하나님이라고 의지하고 따를 분은 여호와 하나님이심을 믿게 하시옵소서. "나 외에 다른 신이 없느니라."라고 하신 하나님을 하나님으로 섬기게 하시옵소서.

제가 하나님이라고 고백하는 하나님은 유일하신 참 신으로서 세상의 창조주이십니다. 인생도 하나님께로 시작되었고, 타락한 인생에게 구원도 하나님께 있습니다. "이는 만물이 주에게서 나오고 주로 말미암고 주에게로 돌아감이라."는 말씀을 믿게 하시니 감사합니다.

하나님 외에는 다른 신도, 구원자도 없음을 깨닫게 하시고, 저에게는 하나님께만 경배하라고 명하셨습니다. 그러므로 만일, 제가 하나님보다 세상의 것을 더 사랑하고 의지하며 자랑하는 것이 있다면 그것이 바로 우상숭배라는 것을 깨닫게 하시옵소서. 하나님은 저에게 하나님이시며, 모든 인생에게 하나님이 되심을 믿습니다.

삼위일체 하나님만이 창조주이시며, 나의 구원자, 모든 인생에게 구원자로 모시고 신뢰하며 두려운 경외심을 품고, 사랑하게 하시옵소서. 계명에 순종함으로써 "마음을 다하고 성품을 다하고 힘을 다하여 네 하나님 여호와를 사랑하라."하심에 증거로 삼게 하시옵소서.

오늘을 지내는 한 날이 삶이 삼위일체 하나님만이 유일하신 참 신이심을 인정한다고 고백함으로 삼게 하시옵소서. 오직 하나님께만 경배하며 영화롭게 해드림이 되기를 원합니다. 이 세상에 어느 것도 저에게 경배의 대상은 없음을 삶의 행위에서 공포하게 하시옵소서.

오직 하나님만이 저에게 신앙과 경배의 대상임을 깨닫게 하셨습니다. "너는 나 외에는 다른 신들을 네게 두지 말라."는 계명을 입 안에 넣고 지내게 하시옵소서. 오늘을 지내면서 여러 가지 일들과 상황에 부딪치면서 그것들이 저에게 하나님이 되지 않게 하시옵소서.

성령님께서 저를 강권해 주셔서 그 무엇도 하나님의 자리에 기웃거리지 않도록 막아주시옵소서. 저에게 섬김은 오직 삼위일체 하나님이신데 스스로의 유혹에 넘어가 하나님의 자리를 내어주게 될까 두렵습니다. 성령님께 충만하게 하시옵소서.

혹시라도 유혹의 순간이 올 때, 주님처럼 명령하게 하시옵소서. "사단아 물러가라 기록되었으되 주 너의 하나님께 경배하고 다만 그를 섬기라 하였느니라." 하나님께만 경배하게 하시옵소서.

예수님의 이름으로 기도드립니다. 아멘 ♡

76일
제 2계명 - 우상에게 절하지 말며, 섬기지 말라
출 20:4-5

하나님 아버지,

지난날의 제 모습을 돌아보니, 저 자신이 하나님이었습니다. 저의 용서받지 못할 불의를 긍휼히 여겨 주시고, 저의 죄를 다시 기억하지 아니하리라 하셨음을 감사합니다.

오늘도 계명의 말씀에 대한 결단을 새롭게 하는 중에, 하나님을 더 사랑하는 경험이 되게 하시옵소서. 오늘, 둘째 계명의 말씀으로 하나님께 더 바른 모습으로 세워지게 되기를 원합니다. 성령님께서 함께 하셔서 믿음의 집을 지을 때 바르게 지어지게 하시옵소서.

"하나님을 그릇된 방식으로 섬기지 말라." 둘째 계명으로 깨닫게 하심이라 믿습니다. "아무 사람도 보지 못하였고 또 볼 수도 없는 자시니 그에게 존귀와 영원한 능력을 돌릴지어다."라고 하셨습니다. 하나님을 보려 하거나 형상을 대하려는 생각을 갖지 않게 하시옵소서.

영이신 하나님을 인간의 상상으로 형상화 하는, 곧 하나님을 나타내는 우상을 만들어 하나님의 거룩하심을 훼손하지 않게 하시옵소서. 하나님께서 자기를 계시해 주신 방법 외에 그 어떤 것도 우상을 숭배하는 죄가 된다는 것을 깨닫습니다.

이미 하나님께서는 자기의 말씀을 인생에게 주시면서 하나님께서 기뻐하시는 일이 무엇인지를 알게 하셨다고 생각합니다. 그리고 자기 백성에게 하나님이 미워하시는 일이 무엇인지를 알게 하셨습니다.
하나님을 영화롭게 해드린다 하여 저의 생각으로 하나님을 만들어 내지 않게 하시옵소서. 하나님을 섬기는 방법도 하나님께로부터 나오는 줄로 믿습니다. 사람이 생각해 낸 방법으로 하나님을 섬기게 하지 않으셨다는 것을 잊지 않게 하시옵소서. 그것은 거짓된 행동으로서 하나님을 기쁘시게 할 수 없을 뿐입니다.

영원히 썩어지지 않는 하나님의 영광을 썩어질 피조물들의 형상으로 바꾸지 말게 하시옵소서. 우상을 만듦으로써 진리를 거짓 것으로 바꾸는 죄를 짓지 않게 하시옵소서. 우상을 세워 하나님을 미워하는 행위를 하지 않도록 성령님께서 다스려 주시옵소서.

하늘에 계신 하나님을 땅에 있는 사람이 어찌 다 알 수 있습니까? 하나님께서 자기를 알려주신 성경 말씀 말고는 하나님을 알 수 없다고 고백하게 하시옵소서. 성경에서 말씀 외에 다른 것으로 하나님을 알려고 시도하지 않게 하시옵소서.

하나님의 말씀에서 떠난 행동은 바로 불순종이 되는 줄로 믿습니다. 성도라 하여도 하나님께서는 사람에게 "이것이 하나님이다."라고 주신 것은 없으십니다. 피조물이 자기의 생각으로 형상으로 나타내려는 것은 하나님을 모욕하는 죄가 된다는 것을 깨닫습니다.

그것은 하나님을 미워하는 행실이 될 뿐임을 잊지 않게 하시옵소서. 사람의 생각이나 손으로 나타낸 형상을 경배하지 않게 하시옵소서. 헛된 경배행위를 하여 하나님께 진노를 사지 않도록 하시옵소서.

　　예수님의 이름으로 기도드립니다. 아멘 ♡

77일
제 3계명-여호와의 이름을 망령되게 부르지 말라
출 20:7

하나님 아버지,
이제, 더 나은 본향을 사모하게 하시니 곧 하늘에 있는 것에 마음을 두게 하셨습니다. 오늘, 종일의 시간에 하나님의 이름을 열 번, 백 번이라도 부르는 삶이 즐거워 감사합니다. 하나님의 이름은 부르기만 해도 좋은 걸 느끼니 성령님께서 주시는 은혜라고 깨닫습니다.
하나님께서 '여호와'라는 자기의 이름을 알려 주셔서 그 이름으로 이스라엘 백성이 당신의 사랑과 구원을 기억하도록 하신 줄로 믿습니다. 하나님의 이름은 하나님을 인생에게 계시하신 것이라 깨닫습니다. 여호와라는 이름으로 하나님께서 하나님 되심을 나타내셨습니다.
하나님을 사랑해서 하나님의 이름을 좋아하지만 그 이름의 높으심과 거룩하심을 존경해 드리게 하시옵소서. 하나님께 영광을 드리지 않고, 저 자신에게 만족하기 위해서 사용하지 않게 하시옵소서. 더욱이 말놀이나 말장난을 위하여 하나님의 이름을 들먹이지 않게 하시옵소서.
"너는 네 하나님 여호와의 이름을 망령되게 부르지 말라." 아멘입니다. 하나님의 이름은 저에게 성호라고 깨닫습니다. 하나님의 거룩하심을 나타내는 이름을 어찌 사람이 자기의 즐거움을 위해서 함부로 입술에 올리겠습니까?
하나님의 이름을 망령되게 하지 말라 하심은 그 이름을 경외하라 하심이라 배웁니다. 하나님의 이름으로 하나님의 존재와 영광을 찬양하게 하시옵소서. 순수하고도 진실한 기도와 찬양, 그리고 감사 등에 그 이름을 합당히 사용하기를 원합니다.

여호와는 그의 이름을 망령되게 부르는 자를 죄 없다고 여기지 않으신다 하셨습니다. 하나님의 이름에 경외하는 마음을 갖게 하시옵소서. 하나님에 이름에 여호와를 향한 존경심을 나타내게 하시옵소서. 하나님은 사람에게 놀이의 대상이 아니시란 것을 저의 삶에서 증거 하게 하시옵소서. 그 이름이 오락화 되는 것을 두려워하게 하시옵소서.

하나님의 이름은 저에게 은혜이며 하나님을 사랑하는 표현들이 되고 있음을 기뻐합니다. 하나님께로 향한 저의 마음을 그 이름에 담게 하시니 감사합니다. 하나님, 여호와, 주, 그리고 아버지 등 그 이름을 가볍게 여기거나 경외심을 갖고 표하지 않거나, 함부로 사용하거나, 더욱이 모독하는 경우가 없도록 하시옵소서.

하나님의 성호는 사람에게 웃음거리가 될 수 없음을 기억하게 하시옵소서. 아울러 저의 기분을 충족하기 위해서 하나님의 이름을 말하지 않게 하시옵소서. 또한 하나님의 이름으로 거짓 맹세를 하지 말라고 하신 줄로 믿습니다.

저의 입술을 하나님의 거룩함으로 사용해 주시옵소서. 하나님의 이름은 오직 하나님을 경배하는데 성호로 사용되게 하시옵소서. 하나님이 이름을 망령되게 불러 죄를 짓지 않도록 하시옵소서. 그 이름을 헛되이 불러서 죄를 짓지 않도록 하시옵소서. 그 이름의 거룩함에 맞게 하나님을 경외하도록 성령님께서 저를 거룩하게 하시옵소서.

예수님의 이름으로 기도드립니다. 아멘 ♡

78일
제 4계명-안식일을 거룩하게 지키라
출 20:8-11

하나님 아버지,
"하나님이 세상에서 가난한 자를 택하사 믿음에 부요하게 하시고"는 바로 저에 대한 말씀입니다. 또한 자기를 사랑하는 자들에게 약속하신 나라를 상속으로 받게 하셨음을 감사합니다.
오늘은 "안식일을 기억하여 거룩하게 지키라"는 계명을 배워 이 날을 지키게 하시옵소서. 세상을 창조하신 하나님께서 그 지으시던 작업을 끝내시고, 쉬셨던 날을 지킴에서 하나님께 영광을 드리게 하시옵소서. 안식을 지킴의 계명도 하나님의 자녀로서 제가 소중하게 여기게 하시옵소서. 결코 소홀히 여길 수 없는 계명이라는 것을 깨닫습니다.
신앙의 선배들이 지켰던 안식일 신앙을 저의 것으로 삼게 하시옵소서. 이 날을 신자는 마음으로 잘 준비하고 미리 모든 일을 정돈해서 주님께 거룩하게 지키게 하시옵소서. 이 날에는 하루 종일 모든 일이나 말이나 생각에서 떠나서 거룩하게 쉬게 하시옵소서.
이 날은 하나님의 날인 것으로 깨닫습니다. 이 날의 모든 시간을 공적으로나 사적으로 하나님을 예배하는데 쓰며 필요한 의무에나 자비를 베푸는 일에 바치게 하시옵소서.
안식일은 어떤 날입니까? 하나님께서 엿새 동안의 창조사역을 마치시고 일곱째 날을 복 되게 하시고 쉬신 날이라고 믿습니다. 그리고 이 날을 거룩하게 하사 명절로 지키게 하셨습니다. 이 명절은 자기 백성에게 지키라고 주신 날이니, 저에게도 안식일을 지켜 하나님께로 나아가기를 좋아하게 하시옵소서.

인생에게 살아가라고 주신 날들 가운데 하루를 거룩하게 하심으로써 저희들에게 주신 날들이 하나님께로 말미암았음을 알게 해주셨습니다. 저희들이 일을 할 수 있는 날들에서 한 날을 빼앗으시려는 게 아니고, 날을 주신 하나님을 기억하여 여호와의 이름을 높이며 예배하라 하심인 줄로 믿습니다. 저에게 안식일을 준수하는 믿음으로 살게 하여 피조물로서 창조주 하나님 앞에 겸손히 서도록 하시옵소서.

이 날을 하나님께 구별해서 하나님의 시간으로 삼게 하시옵소서. 엿새 동안의 시간은 인생을 위해서 주신 것이므로 엿새의 삶과는 전혀 다른 하나님의 것으로 지키게 하시옵소서. 살아가는 동안에 안식일을 구별함으로써 천국에서의 삶을 미리 맛보게 하시옵소서.

누가 안식일을 지키겠습니까? 하나님의 자녀에게만 허락된 시간이며 은혜의 날이라 깨닫습니다. 하나님의 것으로 구별된 자에게 주어진 복을 경험하게 하시옵소서. 천국의 모형으로서 이 날을 거룩하게 하고, 저 자신이 하나님께 구별이 되게 하시옵소서.

안식일은 누구에게나 주어진 복이 아님을 깨닫게 하시옵소서. 여호와 앞에서 엿새 동안의 시간을 땀을 흘리며 일한 자가 누리는 복인 줄로 믿습니다. 하나님께서 주신 기업에 충실하여 청지기적 사명을 다한 자에게 주시는 안식일, 쉼의 시간으로 삼게 하시옵소서. 땅을 정복하기 위해서 수고를 했던 자기의 일을 온전히 중지하고, 하나님을 예배하게 하시옵소서.

예수님의 이름으로 기도드립니다. 아멘 ♡

79일
제 5계명-네 부모를 공경하라-
출 20:12

하나님 아버지,
교회에 등록을 하고 신앙생활을 하고 있음이 오늘로서 79일이 되어, 이제는 하나님을 아버지라 부름이 자연스러워졌습니다. 저를 죄 없다 하시고, 자녀로 삼아주셨음은 오직 흠 없고 점 없는 어린 양 같은 그리스도의 보배로운 피로 된 것이니 감사합니다.

하나님의 계명을 지킴에 대하여 사모하게 하시고, 오늘은 다섯 째 계명을 배웁니다. "네 부모를 공경하라." 하나님께서 계명으로 주셨으니 하나님 앞에서 부모를 공경하게 하시며 저의 자녀들에게도 부모를 공경해야 될 것을 가르치게 하시옵소서. 부모를 공경하는 인생에게 하나님께서 약속해 주신 말씀도 배우고, 가르치게 하시옵소서.

부모를 공경할 때, 하나님의 응답은 "그리하면 네 하나님 여호와가 네게 준 땅에서 네 생명이 길리라."고 하셨습니다. 그러므로 저의 인생이 잘 되고 복 되기를 하나님께 구하기 전에, 먼저 부모를 공경하기를 원합니다. 하나님께서 먼저 약속해 주셨으니까요.

이 땅에 있는 모든 생명은 하나님으로부터 말미암았고, 사람의 생명은 부모를 사용하셔서 하나님께서 주신 줄로 믿습니다. 하나님께서 부모를 창조사역에 동역자로 삼으셔서 사람의 생명이 이 땅에 있도록 하신 것을 깨닫습니다. 부모는 하나님은 아니지만 하나님께 드려야 하는 마음을 부모에게 드리게 하시옵소서.

사람에게서 경외의 대상은 오직 하나님이시며, 하나님께만 경외해야 할 줄로 믿습니다. 그런데 부모에 대하여 "너희 각 사람은 부모를 경외하며"라고 하셨음을 마음에 새기게 하시옵소서. 부모를 하나님과 함께 경외의 대상으로 높이신 하나님의 의도를 받아들이게 하시옵소서. 부모에 의해서 저의 생명이 왔기 때문이라고 깨닫습니다.

부모를 생각할 때, 하나님의 권위 행사에 대하여 깨닫게 하시옵소서. 하나님께서 사람에게 권위를 주셔서 사회의 질서를 유지하신다고 생각합니다. 부모는 자녀에 대해서, 위정자는 국민에 대해서, 교회에서 사역자는 교회 공동체에 대해서 권위를 부여해 주셨습니다.

각 사람은 위에 있는 권세들에게 굴복하라고 하셨습니다. 모든 권위는 하나님께로부터 오는 것이므로 그 권위를 인정하고 공경해드리게 하시옵소서. 만일, "권세를 거스르는 자는 하나님의 명을 거스름이니"라고 하신 말씀을 마음에 새기게 하시옵소서.

오늘, 제가 부모를 공경하고, 순종하는 행실로 하나님께 드림이 되게 하시옵소서. "자녀들아 너희 부모를 주안에서 순종하라 이것이 옳으니라."고 하신 말씀을 받아 실천하는 한 날로 지내게 하시옵소서. 저의 가정에서도 부모에게 순종하는 자녀가 있게 하시옵소서.

이제, 부모를 공경하라는 계명에 순종해서 하나님께 공경을 드리듯이 부모를 공경하게 하시옵소서. 만일, 부모를 공경하지 않는 것은 하나님을 공경하지 않는 것이 된다는 것을 생각하게 하시옵소서.

예수님의 이름으로 기도드립니다. 아멘 ♡

80일
제 6계명-살인하지 말라
출 20:13

하나님 아버지,

너희가 거듭난 것은 썩어질 씨로 된 것이 아니요 썩지 아니할 씨로 된 것이라는 말씀을 늘 기억하며 지냅니다. 살아 있고 항상 있는 하나님의 말씀으로 거듭나게 해 주셨음을 감사합니다.

오늘은 "살인하지 말라."는 계명을 받습니다. 생명은 하나님께서 지으셨고, 하나님이 다스리기 때문에 그 누구나, 또는 어떤 것도 사람의 생명에 대하여 권리행사를 할 수 없다는 것을 깨닫습니다. 도리어 생명을 대할 때, 하나님 앞에서 겸손해야 한다는 것을 배웁니다.

오늘, 제가 사람들을 대할 때, 그 사람들의 주권자이신 하나님을 생각하게 하시옵소서. 저 자신의 생명처럼 그들을 대하게 하시옵소서. "네 이웃을 네 몸처럼 사랑하라."고 하신 예수님의 말씀에 순종하게 하시옵소서. 그들에게서 하나님의 주권을 보게 하시옵소서. 하나님의 피조물로서 그들이 저와 함께 있음을 생각하게 하시옵소서.

오늘을 지내면서 사람들에 대하여 주의하게 하시옵소서. 만일, 사람들에 대하여 증오나 분노 및 원한 등이 생기게 된다면 그 사실에서 피하게 하시옵소서. 그가 하나님의 형상인데, 그의 생명에 위협적인 행동을 하지 않도록 하시옵소서. 아울러 부정적인 감정을 가져 상한 마음을 갖지 않게 하시옵소서.

형제를 미워하지 말라 하신 계명을 지키게 하시옵소서. 이웃을 억압하지 말라 하신 계명을 지키게 하시옵소서. 장애인을 저주하지 말라 하신 계명을 지키게 하시옵소서. 장애인이 괴로움을 당하도록 하지 말라 하신 계명을 지키게 하시옵소서. 그들도 여호와께 존귀한 사람이라 여기고 제가 대접을 받고자 하는 대로 대하게 하시옵소서.

주님께서는 이웃에 대하여 욕설을 퍼붓지 말라 하시고, 그것이 죄가 된다고 하셨음을 믿습니다. 사람의 감정에 불을 붙여서 그가 남의 생명을 해하는 죄를 짓게 하는 것도 살인이라 하신 것을 기억하게 하시옵소서. 생명은 저에게 사랑의 대상이지 이에서 더 나아가지 않게 하시옵소서.

이 계명에 대한 적극적인 실천으로 이웃을 사랑하게 하시옵소서. 저의 생명이 귀한 것처럼 그들의 생명을 존중하게 하시옵소서. "오늘날 왕의 생명을 내가 중히 여긴 것 같이 내 생명을 여호와께서 중히 여기셔서"라고 한 다윗의 간구를 저의 입에 넣어주시옵소서. 이웃의 생명을 중히 여기면 하나님께서 저의 생명을 중히 여겨 주시리라 믿습니다.

나아가 제가 정말로 주의해야 할 것은 이웃을 이웃에게 함부로 하지 않음이라 깨닫습니다. 어떤 사람도 제가 막대하거나 무시하지 않으며, 하나님께 나아가듯이 대하게 하시옵소서. 그 한 사람, 한 사람에게서 하나님의 형상을 보게 하시옵소서.

저에게는 이웃을 폄하하거나 무시할 권한이 없음을 알게 하시옵소서. 저 자신을 존귀하게 여기고, 이웃을 존귀한 사람으로 받게 하시옵소서. 저에게 자신의 능력과 기회가 주어지는 한 자신을 비롯하여 이웃의 생명을 보전하고 지키는데 힘쓰게 하시옵소서.

예수님의 이름으로 기도드립니다. 아멘 ♡

81일
제 7계명-간음하지 말라
출 20:14

하나님 아버지,

오늘도 저를 향해서 주시는 말씀은 "너희가 전에는 백성이 아니더니 이제는 하나님의 백성이요"라는 음성이십니다. 전에는 긍휼을 얻지 못하였더니 이제는 긍휼을 얻은 자가 되었음에 감사합니다.

계명을 지키며 살고자 하는 마음을 주셔서 하나님을 사랑하게 하시니 감사합니다. 계명에 순종하여 저를 여호와께 거룩하게 하시옵소서. 오늘, "간음하지 말라."는 계명을 받습니다. 하나님께서 사람에게 주신 성을 거룩하게 여기라는 계명인줄로 믿습니다.

이 계명에서 부부관계를 위하시고, 보호하시려는 하나님의 의도를 배웁니다. 한 남자와 한 여자를 부부로 맺어주시고, 두 사람에게 성으로 사랑을 하게 하신 하나님이십니다. 이제, 부부는 자신의 성을 하나님의 의도대로 사용하여 서로를 지켜야 한다는 것을 깨닫습니다. "간음하지 말라."는 말씀에 순종해서 부부의 관계를 보호하게 하시옵소서. 부부가 된 이들이 서로의 배우자에게서 누려야 될 성을 부부가 아닌 사람과 향유하려는 욕망을 거절하게 하시옵소서. 배우자가 아닌 타인과 성을 향유함으로써 자기에게 죄를 짓고, 배우자에게도 죄를 지으며, 간음을 한 상대에게도 죄를 짓지 않게 하시옵소서. 간음은 세 사람의 영혼을 오염시키는 죄가 된다는 사실을 기억하게 하시옵소서.

오늘을 지내는 중에, 간음에 대한 욕망에 부딪칠 겁니다. 그때, 단호하게 거절하게 하시옵소서. 사탄 마귀는 우리의 영혼을 죄로 오염시키려고 간음을 충동질 할 것입니다. 자기를 거룩한 몸으로 지키기 위해서 배우자 외에는 성을 향유하지 않도록 다스리게 하시옵소서.

하나님께 죄가 되는 짓을 저지른다면 하나님과의 관계를 지켜나가지 못할 것입니다. 간음의 죄가 윤리적인 차원을 떠나 하나님께의 대적이 되는 행위임을 깨닫게 하시옵소서. 하나님께서 금지하신 것인데, 자신이 쾌락을 즐기려고 간음을 한다면 이에 더욱 큰 죄도 저지를 수 있음을 기억하고 간음에의 유혹을 거절하게 하시옵소서.

지금의 시대에서 간음이 윤리적인 행실로 받아들여지는 것에 주의하게 하시옵소서. 하나님께서 세워주신 성생활의 법도는 부부관계 안에서 만인데, 간음이 부부 밖에서 이루어져 서로에 대한 인격이 파괴되고, 가정을 무너지게 하는 데로 나아가고 있음에 안타깝습니다.

간음으로 하나님께서 세워주신 제도에 정면으로 도전하는 행위를 그치게 하시옵소서. 성을 향유할 수 없는 사람과의 간음은 한 사람의 인격을 도둑질하는 것이며, 한 가정을 도둑질하는 죄가 된다는 것에 주의하게 하시옵소서. 결국 간음으로 육체는 물론, 영혼 까지 병들게 하는 죄를 거절하게 하시옵소서.

주님께서 교회를 사랑하신다고 믿고 있습니다. 교회를 사랑하시는 주님의 마음으로 배우자를 사랑하는 가정이 되게 하시옵소서. 주님께 신부가 되어 주님만 사랑하는 가정으로 삼아 주시옵소서. 간음의 죄가 들어오지 않게 하시옵소서.

예수님의 이름으로 기도드립니다. 아멘 ♡

82일
제 8계명-도둑질하지 말라
출 20:15

하나님 아버지,

저에 대하여 너무도 분명한 말씀을 하십니다. "전에는 양과 같이 길을 잃었더니." 그러했던 저에게 주님께서 찾아와 손을 내미시고, 영혼의 목자와 감독 되신 이에게로 돌아오게 하시니 감사합니다.

오늘, 십계명에서 여덟 번째 계명으로 하나님께 나아갑니다. "도둑질 하지 말라."는 명령으로 저와 하나님의 관계를 설정해 주셨습니다. 하나님께서 정하신 것을 자기의 탐욕으로 무너뜨리지 말라는 계명이라 깨닫습니다. 하나님께서 세워주신 질서를 지키게 하시옵소서.

저는 지난 날, 저는 자신의 이익을 위해서 또는 땀을 흘리지 않고 가지려고 남의 것에 손을 댄 적이 있었습니다. 물건 만이 아니라, 남이 쌓아놓은 지식을 나의 것처럼 사용하기도 했습니다. 이 시간에 회개합니다, 용서해 주시옵소서.

하나님께서 주신 것을 누리며 그 안에서 감사함으로 지내야 한다는 것을 깨닫습니다. 제가 누리는 것들은 다 하나님께서 주신 것이며, 이웃에게도 하나님이 주셨으므로 이웃의 소유를 보호해주어야 하는 것이 저의 일이라는 것을 배우게 하셨습니다.

만일, 제가 남의 것에 대하여 탐욕으로 훔친다면 그것은 하나님의 권리에 대적하는 행위라는 것을 깨닫게 하시니 참 감사합니다. 지금 제가 누리는 것에 만족하게 하시고, 정직하며 정당한 이익이 아니라면 결코 불의로 얻으려고 하지 않도록 다스려 주시옵소서.

지금, 제가 누리는 것은 저의 것이지요. 그러나 동시에 하나님의 것으로서 저에게 위탁하셨다는 것을 기억하게 하시옵소서. 저에게 누림은 하나님의 뜻에 따라 향상되고, 증가되어야 한다는 것을 깨닫게 하시옵소서. 만일, 제가 누림을 획득하기 위해서 부당하게 이웃을 방해한다면 그것이 바로 도둑질임을 알게 하시옵소서.

자신이 땀을 흘려 일하지 않고, 부당하게 취하려는 불로소득은 생각하지도 말게 하시옵소서. 다른 사람이 수고하여 이루어 놓은 노력의 결과를 훔치지 않게 하시옵소서. 도둑질을 해서 하나님의 창조 질서에 도전하지 않기를 원합니다.

불로소득을 바라지 말고 정당한 수고를 통해 얻은 것으로 만족하게 하시옵소서. 이로써 나의 것도, 남의 것도 안전하게 지켜질 것이며, 하나님의 창조의 질서에 순응하게 하시옵소서. 지금 저에게 있는 것으로 감사하며 만족하게 하시옵소서.

이 계명을 지키면서 하나님께 대하여 적극적인 실천이 있게 하시옵소서. 사람의 것도 도둑질하지 말아야함은 물론 하나님의 것을 도적질하지 말아야 한다는 것입니다. 저의 신앙적인 부주의나 반성경적인 생각으로 하나님의 것을 저의 것처럼 여기지 않게 하시옵소서.

하나님께 구별되어야 할 것은 바르게 실천하게 하시옵소서. "사람이 어찌 하나님의 것을 도적질 하겠느냐 그러나 너희는 나의 것을 도적질 하고도 말하기를 우리가 어떻게 주의 것을 도적질 하였나이까 하도다 이는 곧 십일조와 헌물이라."라고 하신 말씀을 기억하게 하시옵소서.
예수님의 이름으로 기도드립니다. 아멘 ♡

83일
제 9계명 - 거짓 증거 하지 말라
출 20:16

하나님 아버지,

하나님의 신기한 능력으로 생명과 경건에 속한 모든 것을 저에게 주셨습니다. 이는 자기의 영광과 덕으로써 우리를 부르신 이를 앎으로 말미암게 하셨음을 감사합니다.

계명을 묵상하는 시간에, 하나님을 그만큼 사랑하고 있음을 경험하게 하시니 감사합니다. 계명으로 우리를 사랑하시는 하나님의 사랑을 깨닫게 하시니 감사합니다. "거짓 증거 하지 말라."는 말씀을 받습니다. 거짓으로 증언하는 것을 금하신 명령에 순종하게 하시옵소서.

하나님은 정직하시므로 저의 언행도 정직하기를 원합니다. 하나님께서 미워하시는 것 일곱 가지 중에 하나가 거짓을 말하는 망령된 증인이라는 것을 기억합니다. 거짓을 행하고, 거짓말을 늘어놓기를 즐겨서 하나님께서 증오하시는 자가 되지 않기를 원합니다.

하나님은 저에게 사람에 대하여 사랑하라는 명령을 주셨지, 남에 대하여 미워하라고 하지 않으신 줄로 믿습니다. 저 자신의 유익을 구하느라 남들에 대하여 거짓말, 허위사실 조작 등을 지어내지 않게 하시옵소서. 더욱이 악한 마음으로 다른 사람을 중상모략하지 않도록 저의 마음을 거룩하게 하시옵소서.

"거짓 증거 하지 말라." 이 계명은 하나님의 것이라 믿습니다. 하나님은 거짓이 없으심을 확신하게 하시옵소서. 예수님께서 지적하시기를, 거짓은 마귀로부터 나오는 행위라고 하셨음을 기억하게 하시옵소서. "그가 거짓말쟁이요 거짓의 아비가 되었음이라."

사실, 전에 저는 다른 사람에 대하여 얼마나 말을 많이 했는지요. 하나님도 아시잖아요? 대화를 하면서 상대방으로부터 신뢰를 얻기 위하여 제3자에 대한 확실하지도 않은 말, 또는 비방하는 말, 상대방의 말에 동조하여 거짓 증거를 일삼았었습니다. 거짓의 아비인 마귀에게 종이 되어서 거짓 증거를 즐겨 했던 것입니다.

다른 사람에 대하여 근거도 없는 말을 해서 모함에 빠뜨리지 않게 하시옵소서. 확인되지도 않은 사실, 확실하지도 않은 말로 다른 사람에게 해를 끼치지 않게 하시옵소서. 저의 고의적인 비방으로 그가 돌이켜지지 않는 해를 입는 죄를 짓지 말게 하시옵소서.

저의 입술에서는 진리가 나와야 할 줄로 깨닫습니다. 진리의 말이라야 생명을 살릴 수 있으니까요. 어떤 순간에도 자신의 유익을 구하느라 거짓을 말하지 않게 하시옵소서. 만일 제가 먼저 자신의 유익을 구한다면 저는 크리스천이 아니겠지요.

사랑의 사람이 되어 진리의 편에 서게 하시옵소서. "여호와여 주의 장막에 유할 자 누구오며 주의 성산에 거할 자 누구오니이까 정직하게 행하며 공의를 일삼으며 그 마음에 진실을 말하며 그 혀로 참소치 아니하고"라고 하셨습니다. 저의 생각과 마음을 다스려 주시옵소서.

저의 입술에 하나님의 언어를 담아 주시옵소서. 정직하게 말하는 입술로 진실의 사람이 되게 하시옵소서. 오늘도 한 날을 지내면서 하나님께서 인정하시는 입술로 살아가게 하시옵소서.

예수님의 이름으로 기도드립니다. 아멘 ♡

84일
제 10계명-네 이웃의 집을 탐내지 말라
출 20:17

하나님 아버지,

보배롭고 지극히 큰 약속을 저에게 주사 이 약속으로 말미암아 정욕 때문에 세상에서 썩어질 것을 피하게 하셨습니다. 그리고 신성한 성품에 참여하는 자가 되게 하려 하셨음을 감사합니다.

하나님께서 주신 계명을 묵상하면서 이들 계명의 내용은 하나님의 자기계시라는 것을 확인합니다. 하나님의 어떠하심을 배우게 하셔서 감사합니다. 계명을 지키는 것만으로 하나님 중심의 삶, 믿음의 집을 짓게 된다는 것을 깨닫습니다. 오늘, 열 번째 계명으로 하나님을 배우게 하시옵소서. 성령님께서 깨닫도록 해 주시기를 간구합니다.

"네 이웃의 집을 탐내지 말라." 이 계명으로 자신의 심령 상태를 발견하게 하시옵소서. 탐심에 대한 계명은 하나님 앞에서의 우리 자신을 확인하게 한다고 깨닫습니다. 사람이 짓게 되는 죄들은 대개 행동으로 말미암는데, 탐심은 마음에서 죄라고 깨닫습니다.

누가 무엇에 탐을 내겠습니까? 하나님보다 다른 무엇을 더 사랑하는 사람이 아닐까요? 소극적으로는 자신의 소유물과 처지에 만족하지 못하기 때문에 탐심을 품게 된다고 봅니다. 적극적으로는 이웃이 행복한 것을 시기하여 불의하게라도 자신의 이익을 취하려 하여 탐심을 품게 된다고 봅니다.

신앙의 선배들은 탐심을 가리켜 땅에 있는 지체라 하면서 이를 죽이라고 권한 줄로 믿습니다. 그리고 탐심을 우상숭배라고 지적하면서 하나님의 진노가 임한다고 주의를 주었습니다. 탐심은 사람이 저지를 수 있는 모든 죄의 근원이 된다는 것을 확인합니다.

오늘을 지내면서 탐심이라는 올무에 걸리지 않도록 주의하게 하시옵소서. 탐심은 남이 저에게 짓는 죄가 아니라 제가 스스로 짓는 죄란 것을 깨닫게 하시옵소서. 이에, 이웃을 돌보고자 하는 마음이 없는 상태, 오직 자신의 안일과 욕심만을 채우려는 상태, 극단적인 이기주의에 의해서 자기의 욕망을 채우려는 상태를 거절하게 하시옵소서.

지금 현재의 자기 자신에 대하여 감사하게 하시옵소서. 이웃과 더불어 지내는 자가 되어서 사랑으로 지내겠다는 결단을 하게 하시옵소서. 하나님을 사랑하는 삶 그리고 이웃을 위하려는 삶에서 탐심은 거절 되는 줄로 믿습니다. 하나님께의 감사와 이웃에의 사랑, 이것으로 탐심을 물리치게 하시옵소서.

소유에 마음을 빼앗기지 않게 하시옵소서. 소유로 가난하다거나 비굴해지지 않게 하시옵소서. 성령님께 충만하여 감사와 기쁨으로 지내게 하시옵소서. 인간의 탐욕 때문에 눈이 어두워져서 참된 가치를 보지 못하고, 상대적인 것을 절대화 시켜서 소유한 것에 만족하고, 곧 그것을 하나님으로 섬긴다면 바로 우상숭배가 될 것입니다.

사람의 마음을 감찰하고 계신 하나님께 거짓으로 나아가지 않게 하시옵소서. 소유의 넉넉함이 복의 조건이 될 수 없음을 깨닫고, 오직 은혜에 감사하면서 지내게 하시옵소서. 지금이 바로 하나님께서 내게 주신 전부라고 받아들여서 찬양을 드리는 삶으로 인도해 주시옵소서. 예수님의 이름으로 기도드립니다. 아멘 ♡

85일
하늘에 계신 우리 아버지
마 6:9

하나님 아버지,

오늘도, 간절하게 구하는 것은 예수님을 주님으로 믿는 지극히 거룩한 믿음 위에 자신을 세우는 것입니다. 성령으로 기도하며 하나님의 거룩하심을 좇게 하시니 감사합니다.

"너희는 이렇게 기도하라." 하시며 기도를 가르쳐 주셨으니, 주님의 기도로 기도하게 하시옵소서. 주님의 기도를 간구함으로써 기도를 바르게 배우게 하시며, 하나님께 영광이 되게 하시옵소서.

오늘, "하늘에 계신 우리 아버지"라고 불러 첫째 간구를 바르게 하게 하시옵소서. 제가 기도해야 될 대상이 하나님이시라는 것을 배웁니다. 하나님을 아버지라 부르라고 하셨습니다. 저는 하나님이 아닌 다른 누구에게 기도할 수 없다는 것을 확인합니다.

하늘에 계신 하나님은 '엘로힘', 곧 전능하신 하나님이십니다. 그리고 '여호와', 스스로 계신 하나님이십니다. 끝으로 '주', 만물을 지으시고 다스리시는 하나님이십니다. 왕의 권세와 권위를 가지신 하나님이십니다. 하나님은 제가 기도를 해야 될 분이시라고 깨닫습니다.

하나님의 이름을 불러 무릎을 꿇을 때마다 하나님의 어떠하심을 기억하게 하시옵소서. 영원부터 영원까지 계신 하나님, 스스로 계신 하나님, 사람들과 약속하시고 그 약속을 지키시는 하나님이십니다. 하나님께서 저에게 아버지가 되어주시니 감사합니다.

예수님께서는 하나님께 기도하는 첫 간구로 "이름이 거룩히 여김을 받으시오며"라고 하셨습니다. 왜, 하나님의 이름이 거룩히 여김을 받음을 왜 간구하라고 하셨습니까?

예수님을 믿어서 하나님의 자녀가 된 사람은 그의 삶이 하나님 중심이어야 한다고 깨닫습니다. 지금까지 살아오면서 저에게 삶의 중심은 저 자신이었습니다. 그러했던 제가 천국 백성이 되었으니 하나님께서 저의 중심이 되어 주시옵소서. 하나님 앞에서 살아가겠다는 약속을 드리게 하시옵소서. 하나님이 삶의 의미가 되기를 간구하게 하시옵소서.

이어서, 저의 소원은 "영광이 그에게 세세에 있으리로다."라고 간구하는 것이기를 원합니다. 저의 간구는 하나님의 영광을 위한 기도여야 함을 믿습니다. 이렇게 간구하게 하시옵소서. "하나님, 죄인으로 하여금 하나님을 영화롭게 하게 하시옵소서. 그리고 하나님의 영광을 위해 모든 것을 하나님의 뜻대로 하시옵소서."

제가 이렇게 기도했다고 해서 저의 간구가 마쳐졌다고 생각하지 않게 하시옵소서. 마음을 드려 입술로 빌었으니, 이제는 몸으로 간구를 잇게 하시옵소서. 제가 빌었던 그대로 하나님의 이름이 거룩해지도록 힘써야 한다는 것을 생각합니다.

그렇지만 오해하지 않게 하시옵소서. 하나님은 스스로 거룩하시다는 사실입니다. 제가 하나님을 거룩하게 한다고 해서 거룩해지시는 것이 아님을 깨닫습니다. 그러면 어떻게 해야 합니까? 하나님을 오직 의지하게 하시고, 가까이 하게 하시며, 하나님의 자녀로서 칭찬을 받는 삶을 살아 하나님의 영광을 제일의 소원으로 삼게 하시옵소서.

예수님의 이름으로 기도드립니다. 아멘 ♡

86일
(하나님의) 나라가 임하옵시며
마 6:10

하나님 아버지,

이 세상이나 세상에 있는 것들을 사랑하지 말라고 하신 말씀을 경고로 받고 지내게 하셨습니다. 누구든지 세상을 사랑하면 아버지의 사랑이 그 안에 있지 아니하다는 말씀을 주시니 감사합니다.

오늘은 주님의 기도에서 둘째 간구를 배워서 기도를 바르게 하게 하시옵소서. 하나님의 나라는 주님의 기도에서 핵심이 되는 간구라고 깨닫습니다. 예수님께서 사역을 시작하시면서 처음으로 하신 일로 천국 복음을 전파하신 줄로 믿습니다.

저의 간구에서도 먼저 하나님의 나라를 구하기를 원합니다. 이 세상에서 사탄의 나라가 멸망하고 은혜의 나라가 흥왕하기를 소원하게 하시옵소서. 저와 세상의 모든 이들이 그리로 들어가 항상 있게 하시고, 또한 영광의 나라가 속히 임하게 하여 주시옵소서.

주님께서 하나님의 나라를 위하여 기도하라고 가르쳐 주신 이유를 알게 하시옵소서. 주님의 관심은 하나님의 나라였습니다. 주님께서 세상에 오심은 하나님의 나라를 목적에 둔 것이었다고 깨닫습니다. 지금의 인간 세상에서 겪어야 되는 영육의 모든 결핍들은 하나님 나라가 임하므로 영원히 해결된다고 믿습니다.

인생의 시급한 문제는 육신을 위해서 먹고, 마시고, 입는 것보다도 죽음의 문제였습니다. 그래서 주님께서는 무엇을 먹을까 마실까 입을까 염려하지 말고 그의 나라와 그의 의를 구하라고 하셨지요.

뿌리째 뽑힌 나무가 서서히 죽어가듯이 타락한 인생은 하나님께로부터 근원이 뽑혀져서, 당장은 살아 있는 것 같으나 죽어가고 있으며, 죽은 상태라고 깨닫습니다. 죽음의 권세 아래 있는 인생에게 소망은 다시 하나님께 심겨 지는 것이라고 믿습니다. 하나님의 나라가 임하여 소망이 있게 하시옵소서. 하나님과의 관계 회복으로 소망을 누리게 하시옵소서. 주님의 십자가에서 성취된 의를 받은 제가 하나님의 다스리심 안에서 지낼 때, 영육의 결핍이 해결되며, 타락하기 전의 에덴의 풍요, 그 이상의 넘치는 풍요를 누리게 하실 줄로 믿습니다.

이 땅에서 지내는 동안에 힘써 하나님의 나라가 이루어지기를 구하게 하시옵소서. "너희가 어떠한 사람이 되어야 마땅하뇨 거룩한 행실과 경건함으로 하나님의 날이 임하기를 바라보고 간절히 사모하라"고 하신 권면을 저의 것으로 삼기를 원합니다.

하나님의 나라가 임하기를 쉬지 않고 간구하게 하시옵소서. 신앙의 선배들이 하나님의 나라를 구하면서 살아갔듯이 저 또한 그 나라가 점점 더 임하기를 간구하기를 원합니다. 하나님의 뜻에 순종하는 삶을 드려서 하나님의 나라가 이루어지기를 계속 구하게 하시옵소서.

하나님의 나라는 하나님의 다스리심이 있는 영적인 나라라고 깨닫습니다. 하나님의 자녀에게 하나님의 나라가 임하기를 기도하는 것은 바른 자세라고 확인합니다. 사탄의 나라를 멸해주시고, 여호와의 은혜가 풍성한 나라를 확장해 주시옵소서.

예수님의 이름으로 기도드립니다. 아멘 ♡

87일
뜻이 하늘에서 이룬 것 같이
마 6:10

하나님 아버지,

"처음부터 들은 것을 너희 안에 거하게 하라."는 말씀으로 저의 심령에 명하셨습니다. 처음부터 들은 것이 제 안에 거하면 제가 비로소 아들과 아버지 안에 거하리라고 하신 약속을 받았음에 감사합니다.

오늘은 주기도문의 셋째 간구를 묵상하며 하나님께서 원하시는 기도를 하게 하시옵소서. "뜻이 하늘에서 이룬 것같이 땅에서도 이루어지이다." 이 간구는 교회에서 처음으로 주기도문을 알게 되었을 때, 이해가 안 되었던 내용이었습니다.

이제, 어렴풋이 깨닫게 되기를, 하나님께서 은혜를 베풀어 주셔서 저에게 기꺼운 마음으로 범사에 하나님의 뜻을 알아 순종하고 복종하기를 구하는 것인 줄로 믿습니다. 하나님의 뜻을 알기 위해서 부지런히 성경을 읽게 하시옵소서. 또한 하나님의 섭리를 깨닫게 하시옵소서. 고난과 낙심, 고통을 인내하며 견디게 하시옵소서.

하나님께서는 '나타난 일'로 말미암아 하나님의 뜻을 제가 알도록 허락하셨다고 믿습니다. 이것은 저에게 주시는 하나님의 은혜라고 깨닫습니다. 나아가 하나님의 뜻을 완전하지는 않으나 알 수 있도록 지혜를 주셔서 그 지혜로 말미암아 죄를 짓지 않게 하시니 감사합니다.

하나님의 뜻은 하늘에서 거룩한 천사들과 이 세상을 떠나 온전히 거룩하게 된 성도들에 의해 이루어지게 된다는 것을 알게 하심을 감사합니다.(히 12:23) 그래서 지금 제가 하나님의 뜻을 온전히 행한다는 것은 하나님께서 요구하시는 것을 정확히 수행할 뿐 아니라 그 성취에 대하여 기뻐하는 태도라고 깨닫습니다.

오늘을 지낼 때, 하나님의 뜻을 이루어 드리도록 성령님께 충만하게 하시옵소서. 그리고 성령님께서 저에게 하나님께 드릴 마음을 갖게 하시옵소서. 성령님께서 저를 강권하셔서 저의 마음과 태도에 겸손, 기쁨, 충성, 근면, 열심, 성실, 인내를 갖도록 해주시기를 원합니다. "땅에서도 이루어지이다." 맞아요. 이 기도가 저에게 매일의 간구가 되게 하시옵소서. 순간마다 저의 원함은 하나님의 뜻이 땅에서 이루어짐이 되게 하시옵소서. 제가 하나님께 드려지는 삶을 원한다 해도 온전하게 드리기에는 부족하다고 깨닫습니다. 제가 어찌 하늘에 계신 하나님을 다 알겠습니까? 완전하지 못하겠지요.

그래서 오늘, 저에게 먼저 하나님께 복종하려는 마음을 갖게 하시옵소서. 성령님께서 하나님의 생각을 알려 주시기를 기다리게 하시며, 성령님께서 주시는 깨달음을 확인하게 하시고, 즉시 순종하게 하시옵소서. 성령님의 감동에 실천할 때, 비로소 제 안에서 하나님의 일에 대한 불이 타오르는 마음을 갖게 될 줄로 믿습니다.

"땅에서도 이루어지이다." 하나님의 뜻을 깨닫기를 소망하게 하시고, 순종하고 복종하기를 간구하게 하시옵소서. 이때, 순종과 복종은 저의 생각이나 저의 마음대로가 아니고 '뜻이 하늘에서 이룬 것같이'라는 기준에 의해서인 줄로 믿습니다. "내 아버지의 뜻대로 행하는 자"가 되라는 주님의 말씀을 마음에 두게 하시옵소서.

예수님의 이름으로 기도드립니다. 아멘 ♡

88일
우리에게 일용할 양식을 주옵시고
마 6:11

하나님 아버지,
자녀들아 이제 그의 안에 거하라 이는 주께서 나타내신 바 되면 그가 강림하실 때에 우리로 담대함을 얻어 그 앞에서 부끄럽지 않게 하려 함이라 감사합니다.

오늘은 주기도문의 넷째 간구를 저의 기도로 삼기 원하면서 하나님께로 나아갑니다. "오늘날 우리에게 일용할 양식을 주옵시고." 하나님의 자녀는 하나님께서 주시는 것으로 살아갈 것을 깨닫게 하시며, 하나님은 자기 백성에게 아버지가 되어서 필요한 것들을 공급해주신다는 약속을 배웁니다. 하나님으로 살아가라는 말씀에 감사합니다.

오늘의 간구에서는 먼저 하나님의 자기 백성을 위하심을 깨닫습니다. 하나님은 명칭만으로 아버지가 아니시고, 저의 생활에서 함께 하시며, 삶의 모든 것을 지켜보시는 아버지이심을 믿습니다. 누가 저를 이처럼 살펴보고 위해 주실까요? 하나님께로 엎드려 간구하게 하시옵소서. 저의 오늘에 요구되는 것들을 구하게 하시옵소서.

하나님께서 사람을 지으실 때 영적인 생명과 육체적인 생명을 지닌 존재가 되게 하셨음을 깨닫습니다. 저에게는 영의 생명과 육의 생명이 있어서 그 생명을 유지하기 위해 양식이 필요하다는 것을 하나님은 알고 계심을 믿습니다. 그래서 저에게 생명을 유지하는 데 소용되는 것을 달라고 간구하라 하셨습니다. 저의 간구를 거룩하게 하시옵소서.
일용할 양식에 대한 간구는 하나님께서 그의 자녀들에게 허락하신 은사(선물)인 줄로 믿습니다. 일용할 양식을 주심은 전적으로 하나님의 은혜이지요. 저는 하나님께로부터 양식을 공급받을 자격을 갖고 있지 않음에도 구하라고 하셨으니 그 은혜를 찬송하면서 하나님께로 나아가게 하시옵소서.

오래 전 옛날에 광야에서 여행을 하던 이스라엘 백성, 그들을 떠올립니다. 그들이 40년을 지나는 길에, 한 사람도 신발이 헤어져 맨발이 되어서 걷지 않았고, 옷이 낡아서 추위에 떨었던 자가 없었고, 굶어서 죽은 자가 없도록 하신 하나님을 기억합니다.

그들을 가나안 땅, 약속의 땅으로 옮겨 주신 이가 지금, 저에게 하나님이시라니 저도 하나님을 기다리게 하시옵소서. 저는 지금, 천국을 향해 가고 있는 순례자의 인생길이라고 생각합니다. 이 여행길에서 저에게 요구되는 것들이 있음을 저보다도 먼저 알고 계시는 하나님께서 공급해 주실 것을 믿습니다.

그래서 "오늘날 우리에게 일용할 양식을 주옵시고"라고 간구하라 하셨지요? 하나님께서는 사람이 이 세상을 사는 동안에 필요로 하는 것을 알고 계신다고 확신합니다. '그 필요'를 아버지에게 구하도록 허락하신 줄로 믿습니다. 구하라고 하신 하나님께로 무릎을 꿇어 간구하게 하시옵소서.

일용할 양식을 구하는 기도에서 다른 사람, 다른 어떤 것에 구하라고 하지 않으셨음에 주목하게 하시옵소서. 제가 필요한 것들을 구해야 될 분은 하나님뿐이십니다. 하나님께만 간구하게 하시옵소서.

예수님의 이름으로 기도드립니다. 아멘 ♡

89일
우리 죄를 사하여 주시고
마 6:12

하나님 아버지,
저에게 형제를 사랑함으로 사망에서 옮겨 생명으로 들어간 줄을 알게 해 주셨습니다. 하나님의 사랑으로 사랑하지 않으면 사망에 머물러 있다는 말씀을 깨닫게 하시니 감사합니다.
주님의 기도로 간구하는 중에, 하나님께서 저를 얼마나 사랑하시는지를 깨닫습니다. 주기도문은 하나님을 저에게 알게 해주시는 간구입니다. 오늘은 다섯째 간구로 하나님께 나아가게 하시옵소서.
"우리가 우리에게 죄지은 자를 사하여 준 것같이 우리 죄를 사하여 주옵시고." 예수님을 보시고 우리의 모든 죄를 값없이 용서해 주실 것을 하나님께 빌라는 간구라고 묵상합니다. 제가 누구입니까? 주님께서 흘려주신 보혈로 구속을 받아 하나님의 자녀가 된 줄로 믿습니다.
크리스천이라 해서 그가 자신의 의지로 남을 용서할 수 없다고 여깁니다. 제가 원한다고 해서 남을 용서할 수 있나요? 사람은 사람을 용서하기를 원하지만 결코 용서하지 못한다는 것을 고백합니다. 용서는 하나님의 언어이기 때문이지요.
주님께로부터 죄를 사함을 받았으니 그 용서를 받은 은혜로 다른 사람을 용서하도록 해달라는 간구, 이것이 저의 기도여야 한다고 생각합니다. 저의 죄를 사해주신 주님의 은혜, 그 은혜는 저에게 진심으로 다른 사람을 능히 용서해 줄 수 있게 한다고 깨닫습니다. 하나님께로부터 용서를 받았음으로 그 은혜로 이웃에게로 가서 용서하게 하시옵소서.

죄에서 사함을 받아 하나님의 자녀가 되었으나, 저는 끊임이 없이 죄를 짓습니다. 그래서 저의 행실이 죄라고 깨달아지면 즉시 하나님께 용서를 구하기를 원합니다. 이때, 제가 진실로 다른 사람에게 용서를 베풀 때 하나님의 용서해 주심을 바라볼 수 있다고 깨닫습니다.

"하나님 아버지, 저의 죄를 용서해 주시옵소서. 저도 저에게 죄 지은 자에게 용서하기를 원합니다." 이렇게 빌게 하시옵소서. 그러므로 저에게는 이미 저를 용서해 주신 하나님의 용서를 다른 이들에게 반영하기를 원하게 하시옵소서.

저를 불쌍히 여겨 주시옵소서. 제가 죄의 용서를 구할 때, 사해 주시옵소서. 하나님께 죄의 용서를 비는 간구가 저의 입술에서 떠나지 않게 하시옵소서. 거룩하고, 하나님께 영광을 드리는 삶을 원하지만 실제의 제 모습은 죄의 흔적일 뿐입니다.

주님께 죄의 사함을 빌어 용서를 경험하고, 그 은혜로 이웃에게로 다가가게 하시옵소서. 죄를 용서해 달라는 간구의 은혜를 통해서 늘 이웃을 용서하게 하시옵소서. 이때, 그들에 대한 용서는 주님의 은혜로 용서받았음에 대한 빚 갚음이라고 깨닫습니다.

이제, 저에게 하나님의 용서를 기다리게 하시옵소서. 용서해 주신 하나님의 용서로 이웃 사람들에게 용서를 베풀도록 하시옵소서. 이렇게 하여 이웃의 잘못에 대하여 보복하지 않고, 하나님의 용서를 사랑으로 나타내게 하시옵소서.

예수님의 이름으로 기도드립니다. 아멘 ♡

90일
시험에 들게 하지 마시고
마 6:13

하나님 아버지,

"아들이 있는 자에게는 생명이 있고"라는 말씀을 저에게 주신 언약으로 받았습니다. 하나님의 아들이 없는 자에게는 생명이 없다고 하신 말씀을 마음에 담으며 감사합니다.

하나님께서 저에게 원하시는 것은 제가 믿음에서 믿음에 이르는 것이라 깨닫습니다. 새 신자가 되어 하나님의 사람으로 자라가려고 기도를 결단하고, 오늘까지 지내오면서 하나님을 배웠다는 은혜입니다. 오늘은 여섯째 간구, "우리를 시험에 들게 하지 마옵시고 다만 악에서 구하옵소서."로 저를 세워주시옵소서.

주님께서는 제자들을 사랑하셔서 그들을 시험으로 보호해 주시려 하셨음을 이 간구에서 깨닫습니다. 이 기도는 하나님께 우리가 죄를 지음에 이르는 시험을 당하였을 때, 도와주시기를 구하는 간구인 줄로 믿습니다. 이렇게 간구하여 하나님께 죄를 짓지 말라는 깨달음을 받습니다.

시험이라는 말에는 '죄를 저지르도록 유혹한다.'는 것과 '알아본다.'는 뜻이 있는 줄로 믿습니다. 하나님은 성도들을 쓰러뜨리고자 시험하는 분이 아니시라고 확신합니다. 하나님께서는 성도가 과연 하나님의 사람인가를 스스로 확인하도록 시험을 하심에 대하여 묵상합니다.

오히려 제가 유혹에 넘어가 죄를 짓는 경우가 허다하다고 생각합니다. 이 간구를 대하면서 그의 자녀가 죄를 짓게 되는 시험을 당하지 않도록 도와주시는 하나님을 깨닫습니다. 하나님 앞에서 혹시 시험을 당했을 때 보호해 주신다는 확신을 갖게 하시는 하나님을 깨닫습니다.

죄의 결과는 언제나 악한 것이므로 이 악으로부터 건져달라고 기도해야 한다는 것을 알려 주시려는 주님의 의도를 배웁니다. 주기도문을 주시고, 이렇게 간구하라 하심은 주님께서 저를 얼마나 사랑하시는지를 알고 간구하라는 가르침으로 받습니다. 그 크고 측량할 수 없는 하나님의 사랑에 감사합니다.

주님께서 주신 기도의 간구를 통해서 저를 향하신 예수님의 사랑을 확인합니다. 지금, 저는 어디에 서 있습니까? 마귀가 우는 사자와 같이 저를 향해서 덤벼오는 벌판에 있습니다. 그래서 매일 하나님께 드리는 간구로 마귀의 유혹에서 건져달라고 기도해야 할 줄로 믿습니다.

사탄은 오늘도 저를 유혹하며, 끊임없이 그리고 집요하게 다가와서 쓰러뜨리려 할 것입니다. 그러니 예수님께서 세상에 계실 때, 제자들에게, "시험에 들지 않게 깨어 있어 기도하라."고 하신 말씀을 지금 저의 것으로 받게 하시옵소서. 매일의 삶에서 사탄의 유혹에 떨어지지 않도록 간구하게 하시옵소서.

"우리를 시험에 들게 하지 마옵시고." 이 간구를 주심은 하나님의 자녀들의 구원에 대한 기도인줄로 믿습니다. 주님을 영접하여 구원받았지만 끊임없는 시험과 악의 지배를 받고 있기 때문에 구원의 완성을 위하여 이렇게 간구하게 하시옵소서.

예수님의 이름으로 기도드립니다. 아멘 ♡

91일
나라와 권세와 영광이 아버지께
마 6:13

하나님 아버지,

저에게 하나님의 사랑 안에서 자신을 지키도록 하셨습니다. "영생에 이르도록 우리 주 예수 그리스도의 긍휼을 기다리라." 하신 권면을 받아 지내게 하심에 감사합니다.

주님의 기도로 저의 신앙인격을 만들어 주신 하나님께 감사합니다. 오늘, 주님의 기도 마지막 간구를 묵상하면서 하나님께로 나아가게 하시옵소서. 오늘의 간구를 대하면서 주님의 기도가 하나님으로 시작하여 하나님으로 끝나는 간구라는 것에 감격합니다. 영광을 받으시옵소서.

저에게 이 땅에서의 모든 것이 하나님으로부터 시작하여 하나님으로 끝난다는 사실을 깨닫게 해주신 하나님께 찬양과 영광을 드립니다. 주기도문에서의 하나님에 대한 고백으로 기독교는 하나님의 중심의 종교라는 것을 확인하게 하셨습니다.

오늘을 지내면서 저의 신앙고백을 하나님 중심의 고백이 되도록 이끌어 주시옵소서. 그러므로 기도를 마치면서 나라와 권세와 영광을 하나님께 돌리면서 찬양함이 마땅한 줄로 믿습니다. "나라와 권세와 영광이 아버지께 영원히 있사옵나이다. 아멘."

지금, 저는 하나님께 간구할 때 다만 하나님에게서만 힘을 얻어야 한다는 것을 배웁니다. 또한 기도 중에서 나라와 권세와 영광을 그에게 돌리면서 찬송하라고 가르쳐 주십니다. 그리고 간구하는 자의 소원을 들어주시는 확증의 표로서 아멘을 붙이게 하셨습니다.

이제, 저에게 기도에 대한 습관 하나를 주시니 감사합니다. "여호와의 이름에 합당한 영광을 그에게 돌릴지어다." 기도할 때마다 저의 간구를 들으시는 하나님께 합당한 영광을 드리게 하시옵소서.

제가 어디에서 왔습니까? 저는 하나님으로 말미암아 존재하게 되었습니다. 그러므로 저의 간구가 오직 하나님께만 의존해야 당연한 줄로 믿습니다. 이렇게 간구함으로써 제가 하나님께로부터 매일, 매일을 살아가는 힘을 얻고 있음을 증거 하게 하시옵소서.

우리도 하나님의 섭리 속에서 삶을 누리고 있습니다. 저를 지으신 그 분이 저의 삶을 주관하시고 계십니다. 주님의 기도를 통해서 하나님만 의존해야 한다는 사실을 깨닫게 하셨습니다. 그러므로 하나님을 기다리는 존재임을 고백하는 삶을 살아가게 하시옵소서.

주님의 기도로 빌면서 마침의 간구를 "나라와 권세와 영광이 아버지께" 라고 맺게 하시옵소서. 이로써 저 스스로에게 저라는 인생은 하나님으로부터만 힘을 얻는다는 것을 고백하게 하시옵소서. 저의 기도는 하나님으로 시작되어 하나님께로 마침이 되게 하시옵소서.

오늘을 살아가는 시간에 주님께 연합되어 지내게 하시옵소서. 제가 구원을 받은 그날부터 주님과의 영적인 연합이 시작되었음을 확신합니다. 주님께서 제 안에 계시고, 저 또한 주님 안에 있음을 믿습니다. 그러나 그 사실로 만족하지 않고, 주님과의 연합을 소망하면서 지내게 하시옵소서. 저의 삶이 하나님의 것이기를 원합니다.

예수님의 이름으로 기도드립니다. 아멘 ♡

92일
이 반석 위에 내 교회를 세우리니
마 16:18

하나님 아버지,
저에게 삶의 둥지이자 보호는 집이었습니다. 베드로로 주님께 대한 신앙으로 고백하게 하시고 그 고백에 교회를 세우셨음을 묵상합니다. 제가 예수님을 주님으로 고백하였을 때, 저에게 ○○교회를 주셨습니다. 교회에서 하나님을 아버지로 만나고, 함께 자녀 된 이들과 교제하게 하시니 감사합니다.

오늘, 교회를 주신 하나님이 저를 얼마나 사랑하고 계신지를 저 스스로에게 선포하게 하시옵소서. 저에게 천국에 들어갈 수 있는 표를 주신 것으로 그치지 않으시고, 하나님의 복을 누리며 지내다가 천국에 들어가라고 교회를 주셨습니다. 은혜의 집을 주셨습니다.

주님의 피로 함께 지체 된 이들과 지내는 중에, 하나님께서는 저에게 천국에 들어갈 준비를 하도록 하신 줄로 믿습니다. 교회 안에서 비로소 거룩함에 이르게 하셨으며, 천사도 흠모할 만한 지위를 주셨습니다. 사탄 마귀의 공격도 물리치는 경험을 보게 하셨음을 깨닫습니다.

전에 주님을 몰랐을 때, 교회를 하나님을 예배하는 장소로만 여겼었는데, 교회가 저에게 집이라는 사실을 알게 해 주셨습니다. 교회는 저에게 삶의 자리라는 것을 고백합니다. 생명의 양식을 받아먹을 수 있는 거룩한 집이며, 하늘로부터 영적인 권세와 능력을 내려 받는 시은

소임을 확신하니 교회에서 하나님과 교제하게 하시옵소서.

하나님께서 ○○교회를 여기에 세우시고, 오늘까지도 세워지도록 교회를 지켜주시니 감사합니다. 교회가 세워진 후, 단 한 날도 문을 닫음이 없이 이 교회가 세상을 향해서 빛과 소금이 되도록 얼마나 많은 이들이 섬김을 다했는지요? 교회로 교회되게 하느라 섬김을 통해서 수고한 이들의 기도와 봉사를 생각해 봅니다.

피 흘려 죽으신 주님을 따라 땀을 흘리고 끝까지 충성한 이들에 의해서 오늘도 ○○교회는 세상 앞에 서 있다고 믿습니다. 신앙 선배들의 기도와 헌신으로 지켜내게 된 교회는 바로 주님의 몸이셨습니다. 그리고 그들의 믿음과 기도가 이 교회에 있음에 감사합니다.

우리 교회를 바라볼 때, 저에게 거룩한 도전을 하게 하시옵소서. 교회를 섬기고 봉사하는 수고를 통해서 하나님의 나라를 넓혀가겠다는 각오가 새롭기를 원합니다. 저의 하나님을 향한 사랑과 예수님께 순종하려는 열심을 교회에서 나타내게 하시옵소서.

제가 주님의 교회를 깨닫지 못했을 때는 교회가 그저 사람들의 모임이었습니다. 교회도 세상 종교와 마찬가지로 복을 받으려는 사람들이 모이는 곳이었습니다. 스스로 성실하게 살려는 것보다 교회에 가서 복 받으려는 이기적인 사람들의 집합소였습니다. 그러했던 그릇된 편견에서 구원해주신 하나님께 감사합니다.

교회에서 하나님을 사랑하게 하시옵소서. 교회에서 예수님을 바르게 믿고 따르게 하시옵소서. 교회에서 하나님의 말씀을 똑바로 배워 크리스천의 삶을 사는 신자가 되게 하시옵소서. 주님께서 다시 오시는 그날에까지 ○○교회를 저의 교회로 지키게 하시옵소서.

예수님의 이름으로 기도드립니다. 아멘 ♡

93일
아버지의 약속하신 것을 기다리라
행 1:4

하나님아버지,

주님께서 제자들을 이 땅에 남기시면서 그들에게 성령을 받으라고 하셨음을 묵상합니다. 제자들만 남겨두지 않으시고, 성령님께서 함께 하실 것을 약속하신 주님을 생각합니다. 제자들이 살아갈 수 있도록 하는 힘이 성령님께로 말미암았다는 것을 깨닫습니다.

그때의 제자들에게 성령을 받으라고 하셨다면, 오늘, 저에게도 성령을 받아야 한다는 말씀이시라 깨닫습니다. 저도 하나님께서 약속하신 것을 기다려야 하는 줄로 믿습니다. 이 시간에, 저에게도 성령님의 권능으로 살아가야 한다는 당부의 말씀을 받습니다.

하나님의 자녀로 살아가라고 약속해 주셨으니, 그 약속을 믿고 기다리게 하시옵소서. 성령님께 충만해야만 하나님 앞에서 거룩함을 유지하고, 성령님의 권능으로 세상을 이길 수 있는 줄로 믿습니다. 오늘 한 날의 삶에서 성령님의 충만하심을 누리게 하시옵소서.

예수님께서 승천하신 후에, 제자들이 마가의 다락방에서 10일 동안 기도할 때, 가장 집중적으로 기도한 것은 회개였다고 생각됩니다. 그들은 주님과 함께 지낼 때, 주님의 마음을 아프게 한 죄를 회개했다고 확신합니다. 그들에게 성령의 권능이 강하게 임한 줄로 믿습니다.

하나님의 약속을 기다리는 자에게 성령님을 모시도록 저 자신을 준비하게 하시옵소서. 저의 심령에 거룩한 영을 모시려면 먼저 더러운 우리 마음을 회개함으로 비워야 하는 줄로 믿습니다. 죄악을 회개하여 깨끗해진 심령에 성령님이 임재하심을 깨닫습니다.

베드로의 설교를 듣고서, 마음이 찔렸던 이들이 들었던, "너희가 각각 회개하여 예수 그리스도의 이름으로 세례를 받고 죄 사함을 받으라 그리하면 성령을 선물로 받으리라."고 했던 말씀을 들려주시옵소서. 성령님께서는 회개한 심령에 오신다는 것을 다시금 확인합니다.

오늘, 성령님께 충만하기를 원할 때, 저에게 회개의 영을 부어 주시옵소서. 그리하여 저 자신을 내세우기를 고집했던 교만의 죄, 주님께 중심보다는 자신의 만족에만 관심을 가졌던 죄를 회개하게 하시옵소서. 철저히 회개하고, 깨어질 때로 깨어진 회개에 성령님의 권능이 강하게 임하실 줄로 믿습니다.

저를 불쌍히 여기셔서 성령님께 충만 되게 하시옵소서. 성령님의 능력이 저의 생각과 의지를 꺾어 주시옵소서. 저의 자아가 꺾어지고, 하나님께 순종을 약속하게 하시옵소서. 순종하는 자의 심령에 성령님의 충만이 임한다는 사실, 늘 기억하게 하시옵소서.

주님의 이름에 들어 있는 권세를 사용하며 지내게 하시옵소서. 악한 영들의 역사를 볼 때, 피하지 말고, 주님의 이름으로 담대히 대적하게 하시옵소서. "너희의 믿음을 굳게 하여 저를 대적하라." 담대하게 사탄을 향해 대적하는 것이 저의 삶이라고 깨닫습니다. 주님께 군사가 되었으니 주님의 이름으로 마귀를 대적하여 이기게 하시옵소서.

예수님의 이름으로 기도드립니다. 아멘 ♡

94일
주께서 구원 받는 사람을 날마다 더하게
행 2:47

하나님 아버지,

우리 주님의 피로 ○○교회를 세워주신 하나님을 찬양합니다. 오늘도 죽어가는 사람들을 구원하시려고, ○○의 지체들을 통하여 복음을 전파하게 하시니 감사드립니다.

오늘을 시작하면서 주님의 교회에 마음을 주시니 감사합니다. 지금까지 주님의 일을 해 온 ○○교회가 앞으로는 갑절로 더 복음을 전하여 보다 많은 이들이 구원에 이르는 방주가 되기 원합니다. 교회에 소속된 성도로서 교회를 위하여 간구하되, 이 기도를 쉬지 않게 하시옵소서. 교회를 위해서 올려드리는 간구는 곧 예수님을 사랑하는 저의 마음이며, 하나님의 영광을 구하는 것인 줄로 믿습니다.

주님의 교회, ○○교회를 붙들어 주시옵소서. 이 땅에서 맡은바 사명을 다하여, 세상에서 감당해야 될 역할을 충분히 감당하게 하시옵소서. 이 교회가 주님의 교회라는 반열에서 사명을 다하며 성령의 역사로 살아 움직이며 생명력이 넘치는 교회가 되게 하시옵소서.

성령님을 지금, ○○의 지체들에게 충만하게 부어주시옵소서. 저희를 성결케 하사 거룩한 무리라 부르기에 합당한 심령들이 되게 하여 주시며, 성령님께 충만, 은혜로 충만한 공동체가 되게 하시옵소서.

이후에도, 저희 교회가 "모든 족속으로 제자를 삼아 아버지와 아들과 성령의 이름으로 세례를 주는"일에 힘쓰게 하시옵소서. 이 귀한 일을 위하여 담임 목사님을 비롯해 여러 일꾼들이 수고하게 하셨음을 감사드립니다.

하나님께서 예수 그리스도의 참된 터 위에 ○○교회를 세우셨으니, 세상에서 방황하던 심령들이 다 교회에 나와서 쉼과 평안을 얻게 하시옵소서. 죄 가운데 빠져있는 심령들이 죄 사함을 받고 구원을 얻는 구원의 방주가 되게 하시옵소서. 하나님께서 저희들 공동체를 귀히 여기시고, 생명의 역사가 있는 교회가 되게 하심을 믿습니다.

오늘을 지내는 중에, 교회의 권속들이 하나님께 영광이 되는 삶이 되게 하시옵소서. 그리고 그들 각 사람에게 주변의 사람들, 세상으로부터 칭찬을 듣게 하시옵소서. 이로써 저희들의 모습에서 교회의 부흥에 유익이 되게 하시옵소서.

원하기는 저희들의 삶이 이웃의 비방거리가 되지 않게 하시고, 저희들의 기도에 사탄의 유혹이 없게 하시옵소서. 사탄을 대적하여 이기는 기적을 날마다 누리게 하시옵소서. 저희 권속들 중에 누구라도 교회를 허무는 여우에게 틈을 내어주지 않게 하시옵소서.

사랑하는 우리 ○○교회에 전도의 영을 부어주시옵소서. 이 교회에 속한 지체들이 전도의 영으로 충만하기를 빕니다. 장년에서 어린이에게 이르기까지 전 권속이 전도에 헌신하게 하시옵소서. ○○의 지체들은 생명을 구하는 일에 자기 목숨을 내어놓게 하시옵소서.

저희들의 예배 속에 하나님의 권세가 드러나고, 하나님의 말씀이 조금도 가감 없이 선포되는 교회로 이끌어 주시옵소서. 이 땅에 하나님의 나라가 이루어지게 하는데 충성을 다하는 교회가 되게 하시옵소서.

예수님의 이름으로 기도드립니다. 아멘. ♡

95일
같은 마음과 같은 뜻으로
고전 1:10

하나님 아버지,
저에게 교회 공동체를 사모하는 마음을 주시고, ○○교회를 위하여 기도하게 하시니 감사합니다. 저의 생명이 이 땅에서 허락되어 있는 그 시간까지 교회를 중심으로 지내게 하시옵소서. 오늘, 생각해보니 저에게 가장 소중한 곳 두 곳이 있는데 집과 교회입니다. 감사합니다. 누구든지 하나님이 자녀가 된 자녀에게는 혼자 있게 하지 않으시고, 교회 공동체에 속하는 은혜를 누리게 하셨습니다. 그리하여 이미 교회가 된 이들과 한 몸이 되게 하시니 감사함으로 교회 생활을 하게 하시는 줄로 믿습니다.

저희를 하나 되게 하신 하나님의 사랑에 찬양을 드립니다. 아버지 하나님을 모시고, 서로 사랑하면서 주님의 장성한 분량에까지 자라나는 저희들이 되기 원합니다.

하나님의 말씀으로 온전해지며, ○○교회를 중심으로 살아가기를 소망하게 하시옵소서. 사랑하는 지체들이 하나님 중심, 말씀 중심, 교회 중심 그리고 목사님을 중심으로 한 공동체를 이루어나가게 하시옵소서.

지금, 혹시라도 저희들 중에, 마음의 분열과 갈등으로 말미암아 나누인 지체들이 있다면 서로를 용서하게 하시옵소서. 서로를 받아들일 수 있는 사랑으로 위로해 주시기 원합니다. 또한 나눔과 반목이라는 불행에 빠진 경우가 있다면 그 상처를 치유하여 주시옵소서.

○○의 지체들에게 모든 것을 믿으며, 참으며, 바라면서 하나를 이루게 하시옵소서. 이 땅에서 지내는 동안에 주님께서 십자가를 지시고 흘리신 보혈로 한 지체가 되었음을 늘 기억하게 하시옵소서. 십자가의 사랑으로 한 몸이 되기를 소원하게 하시옵소서. 하나님 아버지도 오직 한 분이심을 고백하는 공동체가 되게 하시옵소서.

하나님의 뜻으로 세우신 교회를 위하여 간구할 때, 하나님의 거룩한 성도의 본분을 잘 감당할 수 있는 저희들이 되게 하시고, 하나님께 순종하게 하셔서 하나님의 교회를 위하여 헌신하게 하시옵소서.

주님의 피 묻은 십자가를 언제나 사랑하게 하시고, 주님께서 받으셨던 고난의 쓴잔을 이제 저희가 받게 하여 주시옵소서. 주님의 사랑을 기억하며 다른 이들의 가슴에도 주님의 사랑을 심을 수 있도록 축복하여 주시옵소서.

오늘도 이 교회를 통해서 하나님의 나라가 이 땅에서 확장되기를 소원합니다. 진정으로 주님의 이름을 드높이고 죄악의 사슬을 풀어 생명과 자유를 주신 주님을 함께 찬양할 수 있는 교회가 되게 하여 주시옵소서.

저희에게 제자들의 발을 친히 씻겨주신 예수님을 본받아 저희도 십자가의 사랑을 실천할 수 있는 헌신자가 되게 하시옵소서. 영적으로 가난한 자를 부요케 하는 십자가의 정신이 살아있는 저희의 삶이 되게 하시옵소서.

예수님의 이름으로 기도드립니다. 아멘. ♡

96일
사망으로 끌려가는 자를 건져 주며
잠 24:11

하나님 아버지,

우리 교회에 그리고 저에게 복음을 전하는 일에 열정을 품게 하시는 하나님을 찬양합니다. 한 영혼을 구하여 천국 백성으로 삼으시려는 하나님의 사랑으로 저의 가슴이 뜨거워지게 하시니 감사합니다.

오늘, 하나님 앞에서 영혼을 구원함에 가슴이 뜨거워질 때, 전도가 어렵다거나 말 주변이 없어서 전도가 힘들다든지, 전도는 은사를 받은 사람만이 할 수 있다는 생각을 버리게 하시옵소서. 주님의 보내심으로 나아가도록 하실 줄로 믿습니다.

죄인을 구하시려는 하나님의 사랑이 저의 마음에 타오르기를 빕니다. 저의 심령이 영혼을 구하는 일에 목마르게 하시며, 성령님께서 강권해 주시옵소서. 저의 마음이나 말, 또는 행동을 사용하여 죄인의 영혼을 구하시려 하시는 하나님의 마음을 품게 하시옵소서. 제가 복음을 전할 수 있도록 구원을 사모하는 영혼을 붙여주시옵소서.

주인이 자기의 종에게 일러, "길과 산울가로 나가서 사람을 강권하여 데려다가 내 집을 채우라"했음이 하나님의 심정인 것을 깨닫기 원합니다. 죄인이 돌아오기를 기다리시는 하나님의 심정으로 복음을 전하여 교회를 채우게 하시옵소서.

죄인의 생명을 귀하게 보시고, 예수님께서 대신 죄 값을 치러 구원에 이르게 하셨음을 확인합니다. 오늘, 저에게 이 복음을 전하도록 들어야 할 자를 만나게 하시옵소서. 복음을 들어 믿음에 이르고, 예수님을 구주로 영접하는 사건을 보게 하시옵소서.

지금 제가 누구입니까? 전도자라고 깨닫습니다. 주님의 제자가 될 때, 사람을 낚는 어부가 되게 하시겠다고 저에게도 말씀하셨음을 기억합니다. 새벽에 기도하실 때, 전도를 위하여 간구하시며 바로 전도를 위하여 세상에 오셨다고 말씀하신 주님의 일을 이어가게 하시옵소서.

주님을 따라 전도자로 살려는 비전을 품기 원합니다. 복음을 받았으니, 이 복음을 거저 주고자 하는 대상을 만나게 하시옵소서. 저의 전도로 말미암아 하나님의 자녀가 될 사람을 만나게 하시옵소서.

고기를 잡는 어부가 그물을 바다에 내리듯이, 저에게도 전도를 위하여 복음을 전할 만한 사람을 찾게 하시옵소서. 부지런히 사람들에게로 가서 복음을 전하게 하시옵소서.

오늘을 지내면서 영혼을 구하려는 마음을 주셨음에 감사드립니다. 저의 입술로 복음을 증거해서 생명으로 인도할 영혼을 만나게 해 주시옵소서. "구하라 그러면 얻을 것이요"라고 약속하신 말씀대로 전도할 영혼을 구합니다. 하나님께서 구원하시기로 작정하신 영혼을 저에게 붙여 주실 줄로 믿습니다.

죄인을 미혹한 길에서 돌아서도록 하라는 말씀에 순종할 준비를 갖추게 하시옵소서. 자기의 죄에 빠져 허우적거리는 이를 찾아가는 구원에의 열정을 품게 하시옵소서. 불의를 모르고, 패역한 상태에 놓여 진 심령을 찾아가는 열정을 품게 하시옵소서.

예수님의 이름으로 기도드립니다. 아멘. ♡

97일
서로 사랑하는 것이 마땅하도다
요일 4:11

하나님 아버지,

오늘, 하나님을 사랑하기에, 우리의 형제가 되는 불신자들의 영혼을 품게 하시옵소서. 우리 주님을 믿던지, 믿지 않든지를 떠나 그들을 위하여 기도하게 하시옵소서. 죄로 말미암아 죽어가는 자를 향해서 안타까운 마음을 주시니 감사합니다.

지옥불로 끌려가는 데도 지금의 삶이 달콤해서 복음에 귀를 기울이지 못하는 영혼을 불쌍히 여겨주시옵소서. 이로 말미암아 저에게 불신자들을 위하여 간구하는 은혜를 풍성하게 하시옵소서. 그리하여 이 기도를 통해서 그들에게 전도자로 다가가게 하시옵소서.

영혼을 사랑하시는 전도의 영으로 제 가슴이 뜨거워지기를 소원합니다. 그리하여 늘 마주쳤던 사람들 중에, 전도대상자로 선택하여 태신자로 삼게 하시옵소서. 그의 영혼을 가슴에 품고 구원함에 이르도록, 천국의 백성이 되도록 기도하게 하시기를 원합니다.

제가 태신자를 품음으로 말미암아 하나님의 나라가 이 땅에서 이루어지기를 빕니다. 하나님께서 구원하시기로 작정하신 영혼에게 다가가도록 하실 것을 깨닫습니다. 오늘은 진정, 생명을 사랑하는 영혼을 구원하는 일꾼이 되어 사는 한 날이 되게 하심을 믿습니다.

저에게 늘 욕심이 많되, 그 욕심을 영혼에 두게 하시기를 빕니다. 지옥에 갈 수 밖에 없는 영혼을 구하여 하나님의 자녀로 올려 드리게 하시옵소서. 생명을 하나님께 바치는 은혜를 경험하게 하시옵소서.

성령님께서 저의 마음을 강권하셔서 복음을 들을 자들을 찾아내게 하시고, 그를 사랑으로 섬기게 하시옵소서. 오늘을 지내는 중에, 복음을 전할 영혼을 만나게 하시옵소서. 죽어가는 죄인을 위하여 기도하게 하시며, 전도로 말미암은 상을 바라보게 하시옵소서. 영혼을 구하는 일이 저에 대한 부름의 상임을 깨달았으니, 제가 품어야 할 태신자를 섬기기를 원합니다.

지금, 하나님의 구원해 주심에 목말라 있는 영혼에게로 저를 보내 주시옵소서. 구원의 진리에 갈급해 있는 불신자를 만나게 하시옵소서. 제가 오늘, 길을 가던지 혹시 어떤 사람을 만나게 되던지 사람에게 주목하여 구원을 기다리는가를 살피게 하시옵소서.

우리의 허물과 죄 때문에 고난을 당하신 주님의 사랑이 저로하여금 태신자를 품게 하신다고 깨닫습니다. 우리가 죽어야 마땅함에도, 우리를 살리시려고 예수님께서 우리 대신 십자가에 달려 피를 흘려주신 은혜를 나누기 위하여 태신자를 삼게 하시옵소서.

제가 태신자를 삼을 때, 비로소 복음의 빚을 갚을 수 있음을 기억합니다. 하나님께서 구원을 기뻐하시며, 제가 품어야 할 태신자가 누구인지 알려 주시옵소서. "주 예수를 믿으라 그리하면 너와 네 집이 구원을 얻으리라"는 약속이 성취되는 은혜를 보여 주시옵소서.

저를 통해서 생명의 복음이 모든 이들에게로 흘러들어가는 은혜를 경험하게 하시옵소서. 이 일을 위하여 늘 기도로 살아가도록 인도해 주시옵소서.

예수님의 이름으로 기도드립니다. 아멘.♡

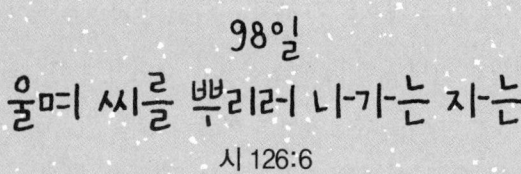

98일
울며 씨를 뿌리러 나가는 자는
시 126:6

하나님 아버지,

전도하는 것에 소원을 품게 하시고, 한 영혼이 하나님의 자녀로 살아가는 것을 바라며 기도하게 하시니 감사드립니다. 이제껏 지내오면서 한 사람에게 마음을 두고, 기도하면서 그를 위해 본 적이 없는데, 전도를 통해서 하나님의 사랑으로 살게 하셨음을 기억합니다.

죽어가는 형제의 영혼을 구하는 열정을 주셨음에 감사드립니다. 하나님께서 저의 심령에 전도의 문을 열어 주셔서 태신자를 품게 하시니 감사합니다. 그를 사랑하시는 하나님의 마음을 품게 하시옵소서.

태신자를 작정하고, 그의 영혼을 품으며 기도하게 하시는 하나님을 찬양합니다. 하나님께서 구원하시기로 작정한 사람을 전도대상자로 삼아 마음의 태에 갖게 하심을 즐거워합니다.

그에게 다가가서 사랑의 관계를 형성하고, 그 관계 안에서 그리스도를 전해 주고, 하나님의 사랑을 나누게 하시옵소서. 저의 사랑을 통하여 하나님의 자비하심이 보여 지게 하시옵소서.

하나님의 사랑의 대상인 ○○○ (형제)를 태신자로 품게 하셨다고 확신합니다. 저의 기도와 사랑을 통해서 그를 출산하는 날까지 품게 하시옵소서. 오직 ○○○ (형제)가 교회로 인도되기까지 영적인 임신의 기쁨을 즐거워하게 하시옵소서.

하나님 앞에서, 그를 위하여 간구할 기도를 알려 주시옵소서. 죄와 저주로 이미 죽은 바 된, 그의 영혼이 거듭나기를 바라는 소원을 저의 것으로 여기게 하시옵소서. 악한 길에서 떠나 생명으로 인도되도록 간구하게 하시옵소서.

저에게 그의 영혼을 태신자로 섬기게 하셨으니, 주님께서 구원에로 초청하시는 그 시간까지 생명을 품는 은혜를 감당하게 하시옵소서. 이 기회로 말미암아 우리를 위하시는 하나님의 사랑을 배우게 하시며, 주님의 보혈에 감사하게 하시옵소서.

오늘, ○○○ (형제)에게 하나님의 사랑을 보여줄 수 있는 기회를 만들어 주시옵소서. 그를 만났을 때, 그에게 집중하게 하시옵소서. ○○○ (형제)를 인격적으로 섬기면서, 혹시 제가 도와야 할 일이 있으면 주저 말고 섬기게 하시옵소서.

그의 구원을 위해서라면 무엇에라도 대가를 지불할 수 있는 마음을 갖게 하시옵소서. 하나님의 사랑이 예수님에 의해서 우리에게 온 것처럼 저의 한 가지 행동으로 하나님의 사랑을 전하게 하시옵소서.

저에게도 영혼을 추수할 수 있는 거룩함을 주셨으니 새 생명을 낳는 순산할 때까지 대가를 지불하려는 결단을 경험하게 하시옵소서. 그에게 복음을 전할 때, 아멘으로 응답하여 구원을 받는 기쁨을 주시옵소서. 그리고 그 복음으로 진리를 아는 데까지 이르게 하시옵소서.

이를 위하여 저에게 ○○○ (형제)를 전도대상자로 삼게 하셨으니, 교회로 인도할 그날까지 오직 기도와 하나님의 말씀으로 섬기게 하시옵소서. 십자가에서 흘리신 주님의 보혈이 저의 섬김을 통하여 ○○○ (형제)에게 전해지게 해 주시옵소서.

예수님의 이름으로 기도드립니다. 아멘 ♡

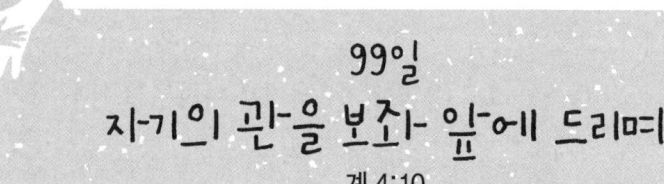

99일
자기의 관을 보좌 앞에 드리며
계 4:10

하나님 아버지,

땅의 임금들의 머리가 되신 예수 그리스도로 말미암아 은혜와 평강이 있게 하셨습니다. 주님께서 저를 사랑하사 그의 피로 죄에서 저의 인생을 해방시켜 주셨으니 감사합니다.

하나님께 존귀함을 드리는 하루로 삼게 하시옵소서. 저에게 오늘의 의미는 하나님의 존귀하심이기를 원합니다. 저의 삶의 중심에 하나님을 모시고, 생각이나 말 그리고 행동에서 하나님을 경외함이 증거 되게 하시옵소서. "하나님께서 나를 어떻게 보실까?" 이 생각에 집중해서 지내게 하시옵소서.

하나님께 중심하는 삶, 그렇습니다. 저의 삶의 시작은 하나님이시며, 삶의 내용이 하나님께로 드려지게 하시옵소서. "살아도 주를 위하여 살고 죽어도 주를 위하여 죽나니"라는 말씀을 드러내는 것이 되게 하시옵소서. 제가 이렇게 오늘을 살아야만 하는 이유는 "그러므로 사나 죽으나 우리가 주의 것이기" 때문입니다.

오늘, 제가 진실로 주님의 것으로 살기를 원하십니까? 저를 혼자 두지 않으시고, 성령님께서 함께 하심을 믿습니다. 저의 의지나 각오가 아니라 성령님께서 강권하셔서 저의 마음을 하나님께 두셨습니다. 사실, 매일 매일의 생활은 거의 저 자신이 주관에 따라 산 것이었는데,

이제는 하나님께서 정해 주신 규칙대로 행하는 것을 즐거워하게 하시옵소서.
저의 즐거움이나 만족이 아닌, 영광을 받으실 하나님의 즐거움을 기준으로 삼게 하시옵소서. 그러므로 이 한 순간의 간구에 만족하지 않고, 하나님의 뜻을 헤아림에 마음을 두게 하시옵소서. 성경으로 자기를 계시하셨으니, 성경을 읽고, 그 의미를 살피면서 하나님의 뜻을 찾아 순종하게 하시옵소서. "하나님의 사람으로 온전케 하며 모든 선한 일을 행하기에 온전케 하려" 하신다고 약속해 주셨습니다.
성경을 읽을 때, 하나님의 음성을 듣게 하시옵소서. 성경이 단순히 책이 아니라 하나님의 감동으로 된 것인 줄로 믿습니다. 성경을 삶의 표준으로 삼게 하시며, 하나님의 말씀으로 다스림을 받게 하시옵소서.
성경에서 제가 어떻게 지내야 하는지, 하나님의 음성을 듣게 하시며 그 말씀에 순종하게 하시옵소서.
한 날을 지내는 중에, 말씀을 지키는 순종이 삶을 통해서 믿음의 집을 지어가도록 이끌어 주시옵소서. 성경에 응답하는 삶, 그것에 오늘의 의미를 두어 말씀과 더불어 지내게 하시옵소서. 그리하여 말씀이 가리키는 곳으로 가는, 그리고 말씀이 있는 데까지만 가는 삶으로 오늘을 지내게 하시옵소서.
오늘, 하나님의 성품을 따라 의로우며, 하나님께 선하고 진실하게 살고자 하여 신의 성품으로 들어가게 하시옵소서. 그때, 저는 하나님의 아들 예수님의 피가 모든 죄에서 저를 깨끗하게 해주셨음을 믿을 것입니다. 하나님께서 빛 가운데 계신 것같이 빛 가운데 행하여 아버지와의 교제와 교통의 복을 누리게 하시옵소서.
예수님의 이름으로 기도드립니다. 아멘 ♡

100일
주께 노래하며 찬송하며
엡 5:19

하나님 아버지,

하나님의 법궤를 시온성으로 모셔 온 다윗을 생각합니다. 저 자신이 하나님께 성전이 되어 예배하는 삶을 기뻐하게 하셨습니다. 주님을 구주로 영접했던 첫날부터 오늘에까지 성소를 구별하여 지키게 하시니 감사합니다.

제가 100일 동안 기도를 했어요! 성령님께서 저의 기도를 붙들어 오늘을 맞이하게 되었다고 믿습니다. 예수님을 구주로 믿음이 첫째 기적이었다면 100일 동안의 기도가 둘째 기적으로 받아들입니다. 기도로 지내온 시간들을 하나님께 영광으로 삼아 주시옵소서. 기도를 시작하던 처음에는 조금은 어색하기도 했고, 때로는 의무 같은 것을 느끼기도 했으나 하나님께서 저에게 은혜를 주신 시간들이었습니다.

이제, 오늘부터 저의 간구를 새롭게 해 주시옵소서. 하나님의 나라와 그의 뜻을 구하는 기도를 드리게 하시옵소서. 기도하는 한 시간에, 하나님의 나라를 경험하게 하시며, 축복 된 삶으로 이어지게 하시옵소서. 이제까지의 간구가 저에게서 시작이 되었다면 오늘부터는 하나님께로부터 입술을 열게 하시옵소서. 저의 입에 간구할 것을 넣어주셔서 하나님의 일이 여기에서, 이루어지기를 기도하게 하시옵소서.

사도들의 신앙고백을 저의 것으로 삼게 하시고, 저에게 가르쳐 주신 사도신경의 고백을 간구하게 하시옵소서. 그 고백 하나, 하나의 저의 신앙고백이 되어 하나님께 올려드리게 하시옵소서. 예수님을 믿기 시작하던 날부터 드렸던 사도신경이 문자적인 고백이었다면 지금은 그 내용 그대로가 저의 믿음의 내용이 되고, 고백을 드리는 것이 되게 하시옵소서. 그리고 사도신경의 고백으로 저에게 믿음의 집을 짓도록 하시옵소서. 성령님께서 지어주실 줄로 믿습니다.

아울러 천국의 백성이 되었은즉, 하나님께서 지키라고 주신 십계명의 삶을 기도하게 하시옵소서. "우리가 그의 계명을 지키면 이로써 우리가 그를 아는 줄로 알 것이요"라고 하셨습니다. 저에게 하나님의 백성이 된 증거로 계명들을 주셨으니 십계명으로 하나님과 동행하게 하시옵소서. 인간으로서 계명을 다 지키지 못하고, 계명으로 말미암아 예수님께로 나아가게 하시옵소서.

이어서, 저의 삶이 주님께서 가르쳐 주신 기도로 실천되게 하시옵소서. 기도를 하면서 하나님의 응답을 기다리게 하시옵소서. 그 응답을 기다림이 저에게 기쁨이라 깨닫습니다. 하나님으로 기쁨을 삼는 자에게 영원히 즐거워하게 하심을 믿습니다. "하나님을 구하는 자는 마음이 즐거울지로다."라고 하신 말씀을 저의 것으로 삼게 하시옵소서.

오늘, 100일의 기도를 마치고, 새롭게 기도를 시작하려는 저에게 "여호와를 인하여 즐거워하며 나의 구원의 하나님을 인하여 기뻐하리로다."라는 감사로 날마다 지내게 하시옵소서. 제가 하나님께 사랑을 받으려 하기 전에, 먼저 하나님을 사랑해 드리게 하시옵소서. 여호와께 거룩하고 복된 시간을 주셔서 감사드립니다.

예수님의 이름으로 기도드립니다. 아멘 ♡

*이 책의 1쇄본 제작에 펀딩해주셨습니다.

김성옥, 김혜원, 노승칠, 류 선, 박은혜, 백미란, 서무석, 유정무,
이경자, 이돈성, 이수연, 이수영, 최미지, 최정은, 최창만, 하상순